무엇이 우리를 행복으로 이끄는가?

김풍배 칼럼집

무엇이 우리를 행복으로 이끄는가?

문경출판사

작가의 말

두 번째 칼럼집을 내놓습니다.
글을 쓸 때마다 쉽게 쓰지 못했습니다.
언제나 고민과 고통을 겪어 왔습니다.
저의 부족함과 소재의 빈곤으로 어려움을 겪었습니다.
한계를 느끼고 한숨 쉴 때도 있었습니다.
사실 글을 쓴다는 건 그리 쉬운 일은 아닌가 봅니다.
그러기에 무라카미 하루키 같은 대가조차 글을 쓰는 것이 고통스럽다고 하며 심지어 뼈를 깎고 근육을 씹어먹는 것 같다고 했습니다.
그렇지만, 쓰지 않는 것이 더 고통스러워 글을 쓴다고 했습니다.
그렇습니다. 글을 쓰는 것이 분명 고통스럽지만, 그 고통 속에서 한편의 글이 탄생했었을 때 기쁨은 무엇으로 비교할 수 없습니다. 더구나 어느 독자 한 분 한 분의 격려야말로 모든 어려움을 잊게 합니다.
계속 쓸 수 있는 용기와 동기가 되었습니다.

이번에도 그동안 '서산타임즈'에 실렸던 글을 엮었습니다.
　희망적인 이야기, 따뜻한 이야기를 쓰려고 노력했습니다.
　할 수만 있다면 더 좋은 사회가 되기를 소망하는 마음으로 흙탕물을 정화하는 맑은 물 같은 글을 쓰고 싶었습니다.

　시간이 지난 뒤 자신이 써 놓은 글은 언제나 아쉬움이 남습니다.

　귀한 지면을 허락해주신 이병렬 대표님과 이 책을 내기까지 애써주신 문경출판사 강신용 대표님께 깊은 감사를 드립니다.
　여호와는 나의 목자 되시니 내게 부족함이 없으리로다.
　할렐루야.

2024. 1.

작은종 김 홍 배

차례

■ 작가의 말 · 008

제1부 아날로그 세대가 느끼는 오늘의 교육

17 · 새해 아침에
21 · 졸업식과 퇴임사
25 · 사람은 무엇으로 움직이는가?
29 · 봄을 기다리며
33 · 예술에 대한 지원은 투자다
37 · 용서는 하되 잊지는 말자
41 · 행복은 어디서 오나
45 · 열린 마음, 닫힌 마음
49 · 굴포운하
53 · 무슨 꽃이 피었나요?
57 · 아날로그 세대가 느끼는 오늘의 교육
61 · 효란 무엇인가?
65 · 소통 부재의 시대
69 · 아버지, 아! 아버지

제2부 운명을 바꾸는 삶

75 · 아버지의 군복

79 · 6월을 맞으며

83 · 유월의 꽃

87 · 운명을 바꾸는 삶

91 · 거울

95 · 익어가는 삶

99 · 밝은 세상을 향하여

103 · 정(情)도 넘치면

107 · 세월을 아껴라

111 · 최고의 상소문

115 · 지나간 역사를 잊지 말자

119 · 밥만으로는 행복을 채울 수 없다

123 · 얼굴이 붉어지다

127 · 돌아온 추석

131 · 보이는 것, 보이지 않는 것

제3부 꿈이 없는 시대, 꿈을 잃어버린 시대

137 · 아직도 꿈이 있습니까?

141 · 책 덮은 나라, 이래도 될까?

145 · 바른말이 옳은 말일까?

149 · 진주라 천 리길

157 · 바르지 못하면

161 · 인생이란 운동장에서

165 · 정(情) 많은 민족

169 · 무엇이 우리를 행복으로 이끄는가?

173 · 인정과 질서 사이

177 · 또 한 해를 보낸다

181 · 꿈이 없는 시대, 꿈을 잃어버린 시대

185 · 전 세계 꼴찌

189 · 역지사지(易地思之)

193 · 사과(謝過)

197 · 한 포기 풀

제4부 자아실현으로 행복 찾기

203 · 돈쭐

207 · 상(賞)

211 · 세 가지 질문

215 · 돌탑 쌓기

219 · 정체성의 혼란

223 · 좋은 인연, 좋은 만남

227 · 자아실현으로 행복 찾기

231 · 멋진 노년 살아가기

235 · 자살은 병이다

239 · 아내의 잔소리

243 · 아직 젊었어! 할 수 있어!

247 · 항아리 탑에서 배운 교훈

251 · 공처가

255 · 청춘 예찬을 읽으며 꿈을 키웠다

259 · 이래서 어른이다

제 1 부

아날로그 세대가 느끼는 오늘의 교육

새해 아침에

　새해 아침입니다. 여전히 동쪽에선 해가 뜨고 뒷산 나무들도 그 자리에 서서 새해 아침을 맞고 있습니다. 무엇하나 변한 것 없이 무심한 세월은 물처럼 흐르고 있습니다.
　하나님은 세월을 창조하셨고 세월을 쪼개어 천지를 만드셨습니다. 인간에게는 세월을 쪼개어 사용하는 지혜를 주셨습니다. 인간들은 세월의 줄에 현재라는 도르래를 걸고 앞으로 달려가며, 다가올 세월을 미래라 부르고 지나간 세월을 과거로 불러 끊임없이 역사를 만들어가고 있습니다. 또 세월을 쪼개어 년, 월, 일을 만들고 이를 쪼개어 시, 분, 초를 만들어 의미를 부여했습니다.
　얼마나 슬기로운 방법인가요? 만일 세월을 쪼개어 사용하지 않았다면 인간의 삶은 얼마나 단조로울까요? 얼마나 지루하고 답답하겠습니까? 내일이 없다면, 미래가 없다면 마치 캄

캄한 동굴 속에서 종신수(終身囚)의 삶과 같을 것입니다. 그러나 슬기롭게도 해(年)를, 달(月)을, 날(日)을 정하고 시간을 만들었기 때문에 계획이 있고 소망이 있고 각오와 다짐을 할 수 있습니다.

　따지고 보면 변하지 않는 건 세상에 아무것도 없습니다. 나도 어제의 내 몸이 아니고, 나무도 풀도 땅도 하늘도 바다도 짐승도 새도 모두 변합니다. 변하지 않았다고 하는 건 오직 마음일 뿐입니다. 아무리 세상이 변하고 자연이 변하고 환경이 변해도 마음이 변하지 않으면 삶은 전혀 달라지지 않습니다.

　일신우일신(日新又日新)이란 말이 있습니다. 이 말은 중국 은나라의 시조인 성탕(成湯) 임금의 반명(盤銘)에 새겨져 있는 글귀에서 비롯된 것이라 합니다. 잠시라도 게을러질까 두려워하여, 매일 보고, 사용하는 곳에 글을 새겨 두고, 날마다 쉬지 않고 마음을 새로 다잡은 것입니다.

　일체유심조(一切唯心造)라 하지요. 모든 것은 마음에서 비롯됩니다. 마음이 바뀌면 행동이 바뀌고 행동이 바뀌면 습관이 바뀌고 습관이 바뀌면 운명이 바뀐다는 말을 50여 년 전 농협 연수원의 J 교수에게 들었습니다. 그 말이 지금까지 나를 이끌어주고 있습니다.

　옥상에 올라가 밝아오는 아침 해를 기다렸습니다. 안개와 구름으로 장엄하게 떠오르는 태양을 보지 못했습니다. 그러나 분명한 건 저 안개와 구름이 걷힌 후에는 반드시 위대한 태양이 새해 세상을 환하게 비출 것입니다. 고난은 축복의 그림자라 했습니다. 고난을 견디고 이겨내면 구름 뒤에 가려진 축복이 태양처럼 밝은 얼굴을 드러낼 것입니다.

올 한해, 어떤 화두로 시작할까 생각해보았습니다. 레프 톨스토이는 그의 소설 『전쟁과 평화』에서 "언제나 '어째서'가 아니라 '어떻게'를 생각한다"라고 했습니다. '어째서'라는 말 속에는 과거를 돌아보는 일입니다. 원인분석을 하는 일입니다. 원인을 찾는 것도 중요하지만, 그것으로 끝나서는 아무 소용이 없습니다. 더 중요한 건 '어떻게 할까?'라는 방법입니다. "된다고 하는 사람은 방법을 찾고, 안 된다고 하는 사람은 핑계를 찾는다"란 말이 있습니다. 전에 현대 정주영 회장은 누가 안 된다고 하면 언제나 "당신이 해봤느냐?"고 물은 것은 유명한 이야기입니다.

새해가 되면 늘 따라다니는 말, 작심삼일. 엊그제 지인이 보내준 카톡에 프로 복서 조지 포먼의 이야기가 있습니다. 그는 불우한 청소년의 구제 자금을 마련하기 위해 불가능하다는 남들의 조롱 섞인 만류에도 불구하고 꺾이지 않는 도전정신으로 45세에 당시 세계 헤비급 챔피언 29살 마이클 무어러에게 도전하여 10회 역전 KO승을 거두었다는 내용이었습니다. 그는 이렇게 말했다고 합니다.

"도전 없이 성공은 없다. 만약 오른손이 부러졌으면 왼손으로 싸워라. 왼손이 부러졌다면, 오른손으로 다시 시작해라.

도전의 길에는 나이란 없다."

매일 매일 새로운 마음으로 오르고 또 오르면 결국 정상에 서게 될 것입니다.

새해를 맞아 붉게 물든 동녘 하늘을 바라보며 몇 시간 전에 송구영신 예배를 드리며 뽑은 성구를 생각합니다. "내가 여호와께 아뢰되 주는 나의 주님이시오니 주밖에는 나의 복이 없다 하였나이다(시 16:2)."

새해 복 많이 받으시고 행복하시기를 기원합니다.

(2023.1.2)

졸업식과 퇴임사

지인에게 축하할 일이 생겨 화원에 갔습니다. 꽃다발을 주문하러 온 손님이 많았습니다. 웬일인가 했더니 바로 졸업 시즌이었습니다. 졸업식장에 참석한 일이 언제인지 기억나지 않았습니다. 기억을 더듬어 까마득한 그 옛날 초등학교 졸업식 모습을 떠올려 보았습니다. '빛나는 졸업장을 타신 언니께'로 시작하는 졸업식 노래. '잘 있거라 아우들아, 정든 교실아' 지금 생각해도 눈시울이 뜨거워지고 가슴이 찡합니다. 시골 학교에서 중학교로 진학하는 학생은 몇 명 되지 않았습니다. 그때는 정말 졸업하면 뿔뿔이 헤어졌습니다. 그때 나는 학생 대표로 답사를 하면서 감정에 북받쳐 울먹거렸던 기억이 납니다. 그때 재학생이나 졸업생 모두 눈물바다였고 선생님들까지도 눈시울을 붉히셨습니다.

지금은 어떨까 해서 얼마 전에 정년 퇴임하신 초등학교 선생님께 졸업식 모습을 물어보았습니다. 지금의 졸업식은 축제의 장이라 했습니다. 그 옛날 불렀던 졸업가 가사는 시대에 맞지도 않고 졸업생과 재학생이 함께 했던 과거와는 달리 졸업생만 참석하는 경우가 많다는 것입니다. 그저 간단하게 간소하게 졸업식을 한다고 했습니다.

그러나 어떤 모습으로 하든 졸업은 위대한 것입니다. 졸업은 정상까지 왔다는 사실이며 포기하지 않았다는 증거이기 때문입니다. 이름만 다를 뿐 우리 인생에는 시작과 끝의 연속입니다. 포기하지 않고 끝까지 완주한다는 것. 그것이 얼마나 소중하고 아름다운 일인가요?

책장을 정리하다가 뜻밖에 반가운 종이 한 장을 발견했습니다. 바로 20년 전 정년 퇴임했을 때 했던 퇴임사였습니다. 어찌나 반가웠던지 한동안 눈을 감고 당시를 회상해 보았습니다. 바로 엊그제 같은데 벌써 20년이나 되었습니다.

"저는 이 직장 생활을 시작하면서 외람되게 두 가지를 목표로 삼았습니다. 그 첫째가 정년퇴직이었고 두 번째는 제 인사 기록 카드에 아무런 허물을 남기지 않는 것이었습니다. 그때는 조금만 노력하면 되리라는 아주 평범한 목표였습니다만, 지나놓고 보니 결코 평범한 목표도 아니요 또 내 의지대로만 되는 목표도 아니었습니다. 한때는 서정쇄신이라는 서슬 퍼런 시절에 날자 없는 사직서를 제출하기도 했고 IMF 후 구조조정이란 이름으로 수많은 선배 동료들이 떠나가고 후배들이 뒤통수를 쳐다보는 것만 같아 남아있는 것 자체가 부담스럽게 여기며 지금 여기까지 왔습니다. 이는 오로지 여러분 같은 좋은 분들을 만나게 되어 가능했다고 생각합니다. 다시 한 번 고마운 인사를 드립니다. 저는 평소 백범 김구 선생님께서 하셨던 이 말을 좋아했습니다.

'(沓雪野中去) 눈 덮인 광야를 지날 때에는(不須胡亂行) 모름지기 함부로 걷지 말라 (今日我行跡) 오늘 내가 남긴 발자국이(遂作後人程) 뒷날 사람들의 길이 되리니'

이 시간, 제가 걸었던 눈 덮인 광야의 발자국이 혹여 여러분들에게 좋은 자국이 되지 못했던 부분들이 있었다면, 부디 좋은 기억만 남기고 용서하여 주시기 바랍니다. 그래도 억지를 부린다면 저는 이 직장을 천직으로 알아 최선을 다했다고 말하고 싶습니다.

저는 이제 여러분께 작별을 고합니다. 젊은 날 섣부른 혈기 하나로 오르는 일에만 골몰하느라 내려오는 길은 미처 준비하지 못했기에 이제 이 작별이 서툴기만 합니다. 그러나 떠나야 할 때가 되었습니다. 작별코자 손을 내밀며 동료였던 여러분께 한마디를 드리고 싶습니다. 인생에 노력이란 자전거의 페달 같은 것이라고요. 일 년을, 한 달을, 그리고 하루를 시작하면서 자기 자신을 위해 또 직장을 위해 나름의 목표를 설정하고 끊임없이 자전거의 페달을 밟듯 노력하십시오. 열심히 밟는 사람은 그만큼 앞서게 되고 게으르게 밟은 사람은 그만큼 뒤서게 되니까요. 영화 아카데미 뷰티에 이런 대사가 나옵니다. '오늘은 당신의 남은 인생의 첫 번째 날입니다' 이제 저도 저의 남은 인생의 첫 번째 날을 맞이하고자 합니다. 저도 다시 저의 페달을 힘껏 밟겠습니다."

 정년 퇴임 후 나는 약속대로 나의 자전거 페달을 열심히 밟아왔습니다. 배우 김혜자 선생은 요즘 하는 고민이 "나를 잘 끝마치고 싶다. 어떻게 하는 게 내가 잘 막을 닫는 건가, 그런 생각을 열심히 한다"라고 했습니다. 이런 소망은 비단 김혜자 선생뿐이 아니고 나이 먹은 사람들의 한결같은 바람일 것입니다. 인생의 졸업식장에서 어떤 퇴임사의 내용을 남기게 될지 저 스스로 궁금해집니다.

(2023.1.14.)

사람은 무엇으로 움직이는가?

얼마 전 김형석 교수님 신년 인터뷰 기사를 읽었습니다. 어떻게 하면 104세가 되셔도 글을 쓰며 건강하게 살 수 있는지를 알게 되었습니다. 그 비결은 바로 '마음과 정신이 건강하면 늙은 신체도 끌고 갈 수 있다'였습니다. '감정이 풍부한 사람은 정서적으로 늙지 않는다'라는 말씀에 공감했습니다. 사실 글을 쓰면서 더구나 목회 활동을 하면서 가장 큰 애로는 자꾸 잠정이 메말라가는 것이었습니다. 나이가 들면 모든 일이 시들해지고 호기심도 줄어들고 감동도 적어집니다. 가뭄 끝의 저수지 바닥같이 쩍쩍 갈라지는 메마른 감성으로는 좋은 글도 좋은 생각도 떠오르지 않습니다. 어떻게 하면 감정을 풍부하게 할 수 있는가를 고민하던 중 우연히 책장 속에 묶어 두었던 사랑 시 뭉치를 발견했습니다. 그래도 젊었다고 했던 시절, 처음 문학에 입문했던 시절에 쓴 사랑 시였습니다. 오랜만에 읽어보니, 내가 쓴 글 같지 않았습니다. 이제는 도저히 쓸 수 없는 감정과 감성이었습니다. 그냥 버리기엔 아깝다는 생각이 들었습니다. 어느 시도, 어느 글도 고통 없이 쓴 글은 아무것도 없습니다. 모두 산고를 겪고 태어난 글입니다. 갑자기 책을 만들고 싶었습니다.

문제는 발간 비용이었습니다. 문득 노인 일자리 생각이 났습니다. 시간을 쪼개면 얼마든지 가능할 것 같았습니다. 무턱대고 동사무소에 가서 문의했더니 이미 지난해 신청이 마감되었다고 했습니다. 어디선가 들은 기억이 나서 노인회 서산지회를 찾아갔더니 역시 같은 대답이 돌아왔습니다. 조금만 생각했어도 하지 않아도 될 헛수고였습니다. 자꾸만 내가 만났던 두 사람의 모습이 생각났습니다. 결코 동사무소 직원의 태도는 불친절하거나 기분을 상하게 하지 않았습니다. 다만 감사하다는 생각은 들지 않았습니다. 그러나 노인회 사무실 직원에게는 고맙고도 감사한 마음이 들었습니다. 노인회 사무실에서 만난 직원은 마치 자기 일처럼 안타까운 듯 일일이 설명하면서 대기자가 많아 기대할 수는 없지만 그래도 연락처를 남기고 가라 했습니다. 두 곳 모두 결과는 같았지만 느낌은 달랐습니다. 한 곳은 단절이었지만, 한 곳은 1%일지라도 희망의 문을 열어 놓은 것입니다.

집으로 돌아와 방으로 들어가려다가 아내가 TV에 빠져있는 걸 보았습니다. 잠시 멈춰서서 그들의 대화를 들었습니다.

앞뒤 맥락은 잘 모르겠으나 병원에서의 경험담 같은 걸 말하는 듯했습니다. 차인표 배우가 문병 간 이야기를 꺼냈습니다. 그 병실에 함께 입원한 젊은 환자가 몸부림을 치고 있는 모습을 보았다고 했습니다. 그는 체구도 컸을 뿐만 아니라 벽을 치면서 난리를 치고 있었다고 했습니다. 소동 소리를 듣고 달려온 병원 관계자들은 왔다가 어쩌지 못하겠다는 듯 엉거주춤 서 있고 젊은 간호사들도 그저 바라만 보고 있었다고 합니다. 그때 60여 세나 되어 보이는 간호사 한 분이 들어와 환자 곁에 가더니 어깨를 감싸며 조용하게 뭐라고 속삭였다고 합니다. 그런데 놀랍게도 젊은 환자는 나이 많은 간호사를 붙들고 순한 양처럼 흐느껴 울었다고 했습니다. 그런 후에 그 환자는 순순히 그 간호사를 따라 나갔다고 했습니다. 그 말을 듣고 있던 다른 배우가 "사람을 움직이는 것은 힘이 아니라 마음이네요."라고 한 말이 화살처럼 가슴에 파고들었습니다.

카네기의 인간관계 30가지 원칙에서 '사람을 움직이게 하는 비결은 이 세상에 오직 한 가지. 그건 사람들에게 하고자 하는 마음을 불러일으키게 해주는 것'이라고 했습니다. "선비는 자기를 알아주는 사람을 위해 죽고, 여자는 자기를 사랑해 주는 사람을 위해 치장을 한다"라는 말도 있습니다.

잘살아보겠다는 마음 하나로 보릿고개를 넘어서 경제 대국으로 우뚝 서고. IMF 시절 나라 경제가 휘청거릴 때 결혼반지는 물론 아기 돌 반지까지 모아 나라 위기를 극복했습니다.

국민 하나 된 마음이 오늘의 대한민국을 만들었습니다. 요즘 정치인들 말을 들어보면 살벌하기까지 합니다. 국민의 마음을 하나가 되게 하는 감동의 정치가를 우리는 원합니다. "나는 탄약이 필요하지, 탈출할 교통편이 아니다"라며 결사항쟁의 모습을 보여준 우크라이나 젤렌스키 대통령 말은 온 국민을 하나로 만들어 모두의 예상을 뒤엎고 나라를 지키고 있습니다.

사람을 움직이는 건 마음이라는 걸 알았습니다. 한마디 말이, 한 줄 문장이, 작은 몸짓 하나가 얼마든지 사람 마음을 변하게 할 수 있음도 알았습니다. 일자리를 찾겠다고 나섰던 길이 결코 헛수고를 한 건 아니었습니다.

(2023.1.25.)

봄을 기다리며

계절도 오기가 있나 봅니다. 대한이 놀러 왔다가 얼어 죽었다던 소한 때도 그렇게 춥지 않아 겨울답지 않다고 했습니다. 문고리를 잡았다가 손가락이 쩍쩍 달라붙었다는 옛날이야기를 하며 지구온난화 걱정까지 했었습니다. 그런데 구정이 지나고부터 곤두박질치기 시작한 한파는 물러갈 줄 모르고 연일 영하의 날씨가 이어지고 있습니다. 영하 15도 안팎 추위는 근래 경험하지 못한 추위였습니다. 아마도 사람들이 물컹하다고 얕보는 게 괘씸해서 겨울이 본때를 보여주려는 듯도 합니다. 오늘도 예배 인도를 위해 주간 보호센터에 가려고 집을 나섰다가 추위를 느껴 다시 들어와 외투를 걸쳤습니다. 바깥 온도는 영하 4도나 되었습니다. 예배를 마치고 집에 돌아와 도대체 겨울은 언제쯤 끝나려나 해서 달력을 보았더니 바로 이틀 후인 2월 4일이 입춘 날이었습니다.

지난달 가스 요금 통지서를 받아 본 일반 서민은 누구나 깜짝 놀랐을 겁니다. 올라도 너무 올랐다고 아우성을 칩니다. 천정부지로 오른 물가에 전기료, 택시 요금 인상도 예고하고 있습니다. 한숨이 절로 나옵니다. 보일러 돌아가는 소리를 멈추게 하는 건 봄이란 생각이 들었습니다. 그래서 봄이 더 기다려집니다.

봄을 기다리는 건 인간만이 아닙니다. 꽃과 풀과 나무들이 사람들보다 더 봄을 기다리고 있을 것입니다. 죽은 듯 땅속에서 자고 있을 씨앗들, 줄기까지 말라버리고 겨우 뿌리만 살아 생명을 이어가는 풀, 이파리 다 떠나보내고 찬바람에 앙상한 가지만 흔들고 있는 나무들은 얼마나 봄을 기다리고 있을까요?

달력을 보고 입춘을 알았지만, 어쩌면 지금쯤 풀과 나무는 머지않아 봄이 오리라는 걸 알고 있을 겁니다. 누구도 알려주지 않았는데 저들은 인간보다 먼저 봄을 알고 있는 것 같습니다. 겨울이 꼬리를 내리기가 무섭게 꽃과 잎을 피웁니다. 마치 100미터 달리기 선수처럼 땅속에서 웅크리고 앉았다가 봄소식이 들리면 총알처럼 튀어나가 한꺼번에 핍니다.

하도 급변하는 세상이 되어서인지 꽃들도 피는 시기를 무시하고 핍니다. 복수초, 개나리, 수선화, 튤립, 앵초, 꽃마리, 민들레, 벚꽃, 목련, 진달래, 등등 이루 헤아릴 수 없는 꽃들이 순서 없이 핍니다. 봄이 되면 세상은 꽃 천지요 꽃 대궐이 됩니다.

봄은 부활이요 생명입니다. 봄은 꿈이요 희망입니다. 청춘(青春)은 푸른 봄이 아니든가요? 그래서 우보 민태원 선생님은 듣기만 해도 가슴 설레는 말이라고 했습니다. 풀밭에 속잎 나고 가지에 싹이 트고 꽃 피고 새 우는 봄날의 천지는 얼마나 기쁘고 아름다운가를 물으셨습니다.

지구상에는 일 년 내내 꽁꽁 언 땅도 있고 여름만 있는 땅도 있습니다. 사계절이 뚜렷하고 무엇보다도 겨울 다음에 봄이 오는 이 땅에 산다는 것이 참으로 행운이 아닐 수 없습니다.

겨울은 어디에나 있습니다. 우리 인생도, 가정도, 기업도, 국가도, 겨울은 있습니다. 연일 신문에는 어두운 경제 지표를 내놓고 있습니다. 사상 최대의 무역적자란 말도 나옵니다. 경제 성장 전망도 어둡습니다. 그러나 잿더미 속에서, 전쟁 참화 속에서 오늘의 대한민국을 만들었습니다. 아무리 춥고 어두운 겨울일지라도 반드시 봄은 옵니다. 빼앗긴 땅에도 봄은 왔습니다.

고난은 또 다른 축복이란 말이 있습니다. 봄이 되면 온 세상을 환하게 밝히는 꽃들도 겨울의 혹독한 시련이 있었기에 더욱 아름답게 꽃 피울 수 있고 나무들도 나뭇잎을 떨어내고 알몸으로 견뎠기에 파란 새잎을 얻을 수 있습니다.

빈약한 자기자본비율로 인해 휘청거리던 기업이 IMF로 인해 더욱 튼튼한 재무구조를 갖게 되고 사드 배치로 '한류는

끝났다'라고 탄식했던 시절 한한령(한류 금지령) 이후에 중국의 의존도를 끊고 시장 다변화로 오히려 체질 개선으로 글로벌 콘텐츠로 비약적인 성장을 이뤘습니다. 틀림없이 이번에도 시련을 이겨내어 더 단단하고 튼튼한 나라가 될 것입니다.

  새봄이 되면 재활치료를 받는 L 장로님, P 집사님도 벌떡 일어나 걷기도 하며 뛰기도 했으면 좋겠습니다. 이 한파가 끝나면 그렇게 기다리던 봄이 성큼 와 있을 것입니다. 봄 아가씨를 두 손 맞잡고 기다립니다.

(2023.2.4.)

예술에 대한 지원은 투자다

이제는 음식도 세계화가 되었습니다. 프랑스를 대표하는 남부 해안 관광 휴양 도시 니스에 초대형 할인(割引)마트 까르푸 안에 한국어 간판을 건 매장이 등장했다고 합니다. K-푸드의 열풍이 세계 곳곳에 이름을 알리고 있습니다. 까르푸 매장에 딸과 함께 온 어느 주부는 "넷플리스에서 본 한국 음식을 실제 먹어 볼 수 있어 설렌다"라는 인터뷰기사를 보았습니다.

영화 <기생충>으로 유명해진 '짜빠구리' 열풍으로 라면에 관한 관심이 높아지면서 라면 수출액이 1조 원을 넘어설 것이라고 합니다. 라면 수출액은 전년 대비 13.5% 늘어난 7억 6,543달러로 역대 최고치를 기록했다고 합니다. 경제는 문화를 따라 움직인다는 말이 실감 납니다. 이런 움직임은 비단 음식뿐만 아니라 k-콘텐츠가 지구촌 곳곳에서 다양한 분야에 많은 영향을 끼치고 있습니다.

문화의 경제적 파급효과는 상상을 뛰어넘으리만큼 큽니다. BTS를 '걸어 다니는 대기업'이라고 합니다. 영화 기생충의 칸 영화제 황금 종려상, 아카데미 시상식을 휩쓸었고 '오징어 게임'이 전 세계 1억 4천만 명 이상이 시청하여 넷플릭스 전 세계 1위로 K-문화를 드높였습니다.

이처럼 한류가 전 세계적 관심이 높아짐에 따라 한국 문화와 언어를 배우려는 사람들이 폭발적으로 증가하고 있습니다. 2020년 2월에 발표된 자료에서 한국어를 사용하는 인구는 총 7,730만 명으로 무려 14위를 차지하고 있습니다. 이는 한국어를 제1 언어로 사용하고 있는 인구가 세계에서 14위라는 의미입니다. 해외 초중고 학교에서 한국어 수업을 하는 수는 매년 증가하여 2021년에는 43개국 1,800개교에서 한국어 수업을 커리큘럼에 포함했고 2022년에는 45개국 2,000개교 커리큘럼에 한국어 수업이 속하게 되었다고 합니다(사이버 한국외국어대학교 한국어 학부 공식블로그에서 인용).

이런 결과는 문화 예술 발전이 경제 발전에 깊은 영향을 주고 있을 뿐만 아니라 국가 브랜드 제고 및 기업 이미지 향상 등 간접적인 효과도 크다 하겠습니다.

그러나 이런 성공은 하루아침에 이뤄진 건 아닙니다. 피와 땀과 눈물과 더불어 많은 관심과 투자가 이루어진 결과입니다. 한 사람의 예술인을 길러내는 데는 천문학적 비용이 듭니다. 그걸 개인이 담당하기엔 무리일 수밖에 없습니다. 그러기에 기업이나 국가가 나서서 지원하지 않으면 아무리 재능이 있어도 포기할 수밖에 없습니다.

다행히 최근 국가나 지방자치단체에서 예술인에 대한 지원사업이 눈에 띄게 증가하고 있습니다. 예술인 지위 향상을 위해 예술인 등록제도를 만들어 신분을 보장해주고 각종 혜택을 주어 기초적인 삶을 영위할 수 있도록 예술인 고용보험 제도 같은 것(예술인 실업급여 형태)도 만들어 운용하고 있습니다. 지자체뿐만 아니라 문화재단을 통해서도 예술인 지원사업을 매년 활발히 전개되어 많은 도움을 주고 있습니다. 그러나 현실을 보면 예술인 대부분이 어려운 환경에서 창작활동을 하고 있습니다. 몇몇 소수의 전문 예술인들은 부와 명예를 누리고 있지만, 많은 예술인은 경제적 곤란을 겪으면서도 예술인의 길을 가고 있습니다.

문인의 일은 글을 쓰고, 쓴 글을 책으로 엮는 일이입니다. 모든 예술이 다 그렇겠지만 한편의 글을 쓰는 것이 얼마나 힘든 일인지 글을 써본 사람은 알 것입니다. 오죽하면 아이를 낳는 고통에 비교하겠습니까? 그렇게 힘든 작업 끝에 나온 작품이 경제적 어려움으로 소리 없이 사라진다면 그 얼마나 안타까운 일인가요? 출판 비용 일부라도 도움을 받게 된다면 그런 안타까움을 조금이나마 덜 수 있을 것입니다.

서산시가 도내 최초로 전문 예술인을 대상으로 창작수당을 지급한다는 반가운 소식입니다. 창작활동에 어려움을 겪고 있는 예술인들의 직업적 지위와 창작활동 환경을 조성하기 위한 것으로 지난해 조례로 정해 올해 처음으로 시행하는 것입니다.

예술에 대한 투자는 사회를 정서적으로 풍요롭게 하고 국민 삶의 질을 높이는 일입니다. 미래를 볼 수 있는 눈을 가진 자가 최후의 승리자가 됩니다. 다 줄인다고 할 때 더 늘려야 할 곳이 문화 예산입니다. 예술을 위해 예산을 쓰는 건 있으면 주고 없으면 못 주는 보조금이 아닙니다. 소비가 아니고 투자입니다. 국가를 위하고 국민을 위한 투자입니다.

2023년의 서산시는 문화도시로서의 원년이 되리라고 합니다. 문화 수준은 선진 국민 삶의 척도입니다. 문화는 행복을 나눠주는 힘입니다. 행복한 예술인, 행복한 서산 시민이 되기를 소망합니다.

(2023.2.11.)

용서는 하되 잊지는 말자

올해는 삼일 운동이 일어난 지 104년이 되는 해입니다. 삼월이 되면 새봄을 맞는 기쁨과 아울러 늘 함께 떠오르는 것이 삼일 운동의 아픈 역사입니다. 그러나 삼일 운동이 없었다면 대한민국 임시정부 수립도 늦어졌을지도 모르며 국제사회의 이목도 끌지 못했을 것입니다. 그만큼 삼일 운동은 아픈 역사이자 한국 민족 운동사에 우뚝 솟은 민족 저항운동이었습니다.

1919년 삼일 운동은 종교 지도자들이 앞장섰다는데 큰 의미가 있습니다. 당시 공포된 <독립선언서>에 서명한 민족지도자들 대부분 종교단체로서 천도교 추천 15명, 기독교 추천 16명, 불교 추천 2명 등으로 구성되어 있습니다. 특히 16인의 기독교 지도자 중 목사와 전도사가 15명 그리고 평신도 1명이었습니다.

삼일 운동 후 한국교회는 엄청난 핍박을 받았습니다. 민경

배 교수(백석 대학교)는 '삼일 운동은 역사의식에 민감한 한국교회에 의하여 치밀하게 그리고 체계적으로 뚜렷한 목적을 가지고 진행된 운동이다. 삼일 운동은 이처럼 한국교회와 군국주의 일본과의 정면 대결이다'라고 했습니다

얼마 전에 제암교회 강신범 담임목사가 발간한 『제암교회 3·1 운동사』라는 책을 읽었습니다. 1985년 초판 발행으로 129쪽에 불과한 소책자였지만, 그동안 추상적으로만 알았던 제암교회의 비극적 학살 사건을 소상히 알 수 있는 귀중한 책이었습니다. 당시 참상을 소개하는 것도 뜻깊은 일이라 생각합니다.

1919년 4월 15일 발안 주재소 일경들과 당시 수원에 주둔하고 있던 제78연대 소속 아리따 다께오 중위가 이끄는 헌병 1개 소대 30여 명이 화성군 제암리에 들어왔습니다. 발안 주재소 사사까(佐板) 소장과 조희창(趙熙彰, 일경의 앞잡이)은 예배당을 향하여 가까이 다가오면서 "지난 4월 5일 발안 장터에서 너무 심한 매질을 하였기에 사과하고자 왔으니 15세 이상 남자 신자들은 모두 예배당에 모이라"고 했습니다. 처음부터 계획된 거짓말이었습니다. 이미 죽음을 각오했던 선열들은 조금도 두려움 없이 교회로 모였습니다. 잠시 후에 사사까는 강단 앞에 서서 호주머니에서 주모 인사의 명단이 기록된 종이를 꺼내 들더니 주모 인사 명단을 호명하기 시작했

습니다. 일터에 나간 사람까지 불러들였습니다. 그는 어느 정도 사람들이 모이자 교회 현관에 있던 일경에게 눈짓으로 신호를 보낸 후 밖으로 나갔습니다. 그가 밖으로 나가자 일경과 헌병들은 예배당 문마다 나무를 대고 못질한 후 석유를 뿌리고 불을 질렀습니다. 그리고 헌병 대원 30명은 예배당을 포위하여 총을 쏘기 시작했습니다. 가족 참사를 지켜보던 가족들이 울부짖자 그들을 향해 총을 쏘고 칼로 찔러 죽인 후 불을 놓아 태웠습니다. 일경과 헌병들은 교회 옆집부터 차례로 불을 질렀습니다. 33호의 조용한 초가 마을에 외딴집 한 집만 남겨 놓고 모조리 불태웠습니다. 예배당 안에는 남자 21명, 예배당 뜰에서 부인 2명이 불에 타서 죽었습니다. 또한 500m 떨어진 고주리로 달려가 두 가정에서 천도교인 6명을 밧줄로 결박하여 산으로 끌고 가 총을 쏘아 죽인 후 나무를 그 위에 놓고 불을 질렀습니다. 이것이 제암교회 사건의 전말입니다. 이 사실은 캐나다 의료 선교사 스코필드 박사가 제암리 사건을 전해 듣고 1919년 4월 17일 사건 현장을 찾아와 현장을 둘러보고 일경 몰래 사진을 찍어 일제의 만행을 우방에 폭로하여 세상에 알려지게 되었다고 합니다.

한일국교 정상화한 후, 사건이 있은 지 26년 후 1965년 10월에 뜻있는 일본 교회 지도자들이 찾아와 속죄하고 그들이 돌아간 후 낡고 비가 새는 제암 교회 재건을 위해 모금 운동을 펼쳤습니다. 그 뜻을 제암교회에 알렸으나 단호하게 거절했습니다. 그러나 그들의 끈질긴 사죄와 진실한 참회의 뜻을 받아들이기로 해서 1969년 교회와 유족회관을 지었습니다. 그로 인하여 당시의 참상과 역사적 교훈을 후손들에게 알리고 있습니다. 저자 강신범 목사는 맺는말에서 "이제 민족의 현실을 근심하여 내일의 조국 번영을 기다리며 우리는 민주 독립을 위해 피 흘려 돌아가신 순국 정신을 간직할 것이며 우리 후손들의 가슴 속에 길이 심어 주어야 할 의무가 있다"라고 했습니다. 역사는 미래를 살아가는 소중한 교훈입니다. 다시는 제암리 사건 같은 민족의 비극을 되풀이해서는 안 됩니다. 애국애족으로 용서는 하되 잊지는 말아야겠습니다.

(2023.2.26.)

행복은 어디서 오나

묵은 노트를 뒤적이다 시 한 편을 발견했습니다. 신달자 시인의 '여보! 비가 와요'란 시였습니다. 당시 이 시를 읽고 짠한 느낌이 들어 적어 놨던 시였는데 다시 읽어도 그 느낌은 여전했습니다. "여보! 비가 와요." "오늘은 하늘이 너무 고와요" 그저 그렇고 아무렇지도 않고 예쁠 것도 없는 가벼운 말들이 그립다고 했습니다. "국이 싱거워요?" "밥 더 줘요?" 이런 밥 상머리에서 했던 사소한 말들이 안고 비비고 입술을 대고 싶은 말들이라고 했습니다. 그러나 나는 압니다. 그 일상적인 소소한 말들이, 그렇게 먼저 아침밥 떠먹여 주고 싶은 그 말이 그리운 게 아니라 그때 그 시절이 그리운 것이란 걸. 그 말을 할 그때, 그와 함께했던 그때가 행복했었다는 걸.

한국인 행복 점수 OECD 38국 중 32위라는 제목의 기사(지난달 28일 J 일보)를 보았습니다. 한국 보건 사회연구원에 따르면, 갤럽 월드 폴 한국 행복 수준은 2021년 기준 10점 만점에 6.11 점이었다고 합니다. 한국보다 점수가 낮은 나라가 그래도 6개국이나 된다고 하니 다행이라고 할까요? 어려울 때 주변에 도움을 청하기가 힘든 '사회적 고립도'는 OECD 회원국 중 넷째로 높았다고 합니다. 곤란한 상황에서 도움을 청할 수 있는 친구나 친지가 있는지를 묻는 물음에 '없다'라고 답변한 비율이 18.9%였다고 합니다. 삶의 만족도는 우리나라가 꼴찌에서 세 번째라 합니다.

우리나라 경제력은 이미 선진국 대열에 들어섰고 세계 어디를 가든지 부러워하는 나라가 되었습니다. 반도체, 자동차, 선박, 휴대전화 등을 발판으로 세계 10대 경제 대국이 되었으며 1인당 국민소득도 G7을 능가하고 있다고 합니다. 음악, 영화, 음식, 등 많은 분야에서 이미 세계의 문화를 이끄는 위치가 되었습니다. 이렇게 달라진 위상에도 국민은 행복을 느끼지 못하고 있다니 쉽게 수긍하기 어렵습니다. 도대체 어떻게 해야 행복을 느낄 수 있을까요?

물론 행복 측정을 평가하는 갤럽 월드 폴 같은 기관에서 시행하는 행복의 기준이 객관적이고 합리적 충분한 자료를 가지고 평가했겠지만, 행복이란 개개인이 느끼는 기준이 다르고 그 정의도 다양해 과연 행복의 척도를 수치로 계량할 수 있을까? 라는 의문도 듭니다. 우리보다 더 행복하다고 느끼는 국민의 삶이 매우 궁금해졌습니다. 행복은 어디서 올까요? 행복을 느끼는 조건들은 무엇이고 그 조건을 다 채웠다고 모두 행복할까요? 더 부유하면, 더 건강하면, 더 지위가 높아지면 행복해질까요? 수많은 물음이 머리를 스치고 지나갑니다.

후배에게서 전화가 왔습니다. 우리나라의 저명한 조경학 박사이며 전직 교수인 Y는 고등학교 2년 후배입니다. 수필을 쓰다가 알게 되어 문자로는 서로 가까이 지낸 사이입니다. 고향에 볼일이 있어 내려가게 되었으니 이참에 한 번 만났으면 좋겠다는 연락이었습니다. 마음이 급해 버스 도착 예정 시간보다 30분 먼저 집을 나섰습니다. 후배를 기다리는 동안 정말 행복을 느꼈습니다. 무려 59년 만의 만남이었습니다. 부족한 사람을 선배라고 찾아 주는 후배가 있다는 게 얼마나 감사하고 고마운 일인지 몰랐습니다.

기다리는 동안 황지우 시인의 '기다리는 동안'이란 시를 내게 바꿔 뇌이며 황홀한 시간을 보냈습니다.

'내가 미리 와 있는 터미널에서/차에서 내리는 모든 사람이 너였다가/너였다가, 너일 것이다가/다시 버스 문은 닫히고 떠난다.'

그러다 마침내 버스에서 내리는 사람 중에 '그일 것이다'라는 사람에게 소리쳐 불렀습니다. 바로 Y 그 후배였습니다. 그와 함께했던 시간이 참으로 행복했습니다. 우리는 60년 전 꿈 많고 피 끓던 고등학생으로 돌아갔던 것입니다.

　행복이 어디서 올까요? 먼 데서 올까요? 지금 내가 하는 모든 일들, 그것들이 행복이 아닐까요? 지금 내 곁에 있는 사람과 함께 하는 이 시간이 행복이 아닐까요? 적조했던 친지에게 전화 한 번 걸어 보심은 어떨까요? 진정한 행복은 밖에 있는 것이 아니라 바로 내 안에 있습니다. 세월이 저만치 지나서 돌아보면 날씨 이야기, 식탁 위의 이야기 같은 작고 하찮은 말이 모두 그리움이 되고 그것이 행복이란 걸 알게 되겠지요.

(2023.3.20.)

열린 마음, 닫힌 마음

살다 보면 참 많은 사람을 만나게 됩니다. 사람도 천차만별이어서 마치 대문을 활짝 열어 놓은 것처럼 시원하고 너그러운 사람이 있는가 하면, 어느 사람은 꼭꼭 쳐 닫은 문처럼 답답하고 옹졸한 사람도 있습니다.

며칠 전에 2023 월드 베이스 볼 클래식(WBC)에서 일본이 미국을 꺾고 우승을 차지했습니다. 대회 MVP(최우수 선수)는 투타에서 빼어난 실력을 보여준 만화 같은 주인공 오타니 쇼헤이라는 선수였습니다. 그는 투수와 타자를 번갈아 가며 뛰어난 실력을 보여주었습니다. 그러나 그보다 더 점수를 주고 싶은 건 그의 열린 마음이었습니다. 그는 결승을 앞두고 "우리가 우승해야 아시아 다른 나라 야구도 자신감을 갖는다"라는 말로 패배한 다른 나라 팀을 배려하였고, 상대하는 미국팀에게는 "오늘 하루만 그들을 향한 존경을 버리자"라며 결코 상대를 비하하지 않으면서도 우승의 갈망을 나타냈습니다. 그는 늘 경기장 쓰레기를 줍고 오심한 심판에게도 미소를 보낸다고 합니다. 오죽했으면 박찬호 해설위원까지 아들에게 오타니 선수의 인성을 가르친다고 했습니다. 비록 남의 나라 선수지만, 그 열린 마음에 박수를 보내고 싶었습니다.

'열린 마음' 하면 제일 먼저 떠오르는 인물이 있습니다. 바로 명재상 황희 정승입니다. 그의 여종들의 다툼에 모두 옳다고 하는 말에 그런 대답이 어디 있느냐고 따지는 부인에게 "어허, 듣고 보니 부인 말도 옳소"라고 했다는 일화는 너무 유명합니다.

어느 날 황희 정승에게 한사람이 찾아와 오늘이 제삿날인데 하필이면 송아지를 낳았다며 제사를 생략해도 되지 않겠느냐고 물었다고 합니다. 그때 황희 정승은 그렇게 하라고 대답했습니다. 얼마 후에 또 다른 사람이 찾아와 오늘이 제삿날인데 개가 새끼를 낳았어도 그냥 제사를 지내야 하지 않겠느냐고 물었습니다. 그때 황희 정승은 물론 제사를 지내라고 대답했습니다. 이때 곁에서 이를 지켜보던 부인이 그런 법이 어디 있느냐고 따지니 황희 정승은 웃으며 이렇게 말했다고 합니다.

"앞에 온 사람은 제사를 지낼 마음이 없는 사람이었고 나중에 온 사람은 어떻게든 제사를 지내고 싶은 사람이었소 정반대인 것 같지만, 둘 다 자기가 듣고 싶은 말을 들으러 왔으니 어쩌겠소?"

이런 열린 마음을 가졌기에 조선에서 영의정으로 18년, 좌의정으로 5년, 우의정으로 1년을 합하여 총 24년으로 정승 자리에 계시면서 후세에 명재상이란 아름다운 이름을 남겼습니다.

어린이집을 운영하는 지인을 만났습니다. '어린이집'이 점점 어려워져 새로운 사업을 모색하는 중이라 했습니다. 저출산 문제로 인한 후유증이 곳곳에서 나타나고 있습니다. 소아청소년과 병원이나 산부인과 병원이 점차 사라지고 이젠 초등학교 폐교에 이어 어린이집까지 문을 닫는 경우가 많아졌습니다. 지인은 주간 보호센터를 하려고 한다며 아는 곳을 소개해달라고 하였습니다. 마침 필자가 목요일마다 찾아가서 예배를 드리는 C 주간보호센터를 소개해 주었습니다.

얼마 후에 지인에게서 연락이 왔습니다. 큰 도움이 되었다고 했습니다. 얼마나 친절하게 설명해주었는지 그 고마운 마음을 표할 길이 없다며 몇 번이고 곱씹어 감사함을 표했습니다. 그 바쁜 중에도 모든 자료를 이동식 저장장치에 저장까지 해주었다고 했습니다. 평소 대표자의 열린 마음을 짐작은 했지만, 처음 본 사람에게 그토록 배려하고 세심한 친절을 베풀어 주었다는 말에 다시 한번 존경하는 마음이 생겼습니다.

생각해 보니 이런 열린 마음을 가지신 분들이 내 주위에는 너무도 많습니다. 반대로 닫힌 마음을 가진 분을 생각해 보았습니다. 살아오면서 나도 분명 벽창호 같은 사람을 만났을 터이지만 신기하게도 그런 분은 퍼뜩 생각나지 않았습니다. 혼자 행복한 미소를 지었습니다.

하지만, 닫힌 마음은 신문만 펴들면 눈이 튀어나오도록 보게 됩니다. 바로 정치인들 기사입니다. 정치 목적이 국민의 다양한 의견을 수렴하고 통합하여 행복한 삶을 살게 하고 미래를 준비하는 데에 있다면, 그들 모습은 오히려 갈등을 부추기고 편 가르기에만 몰두하는 모습만 보여줍니다. 한 분 한 분 모두 훌륭하고 존경받기에 부족함이 없는 분들이겠지만, 유독 그곳에만 가면 마음들이 닫히는지 모르겠습니다. 진정 국민의 행복과 국가 미래를 위해 서로에게 귀를 기울이는 정치인들의 모습을 보고 싶습니다.

(2023.3.25.)

굴포운하

'화창한 봄날'이란 말이 바로 이런 날을 두고 한 말인 듯합니다. 구름 한 점 없고 바람조차도 잠든, 덥지도 춥지도 않은 봄날. 어두컴컴한 코로나19의 동굴이 거의 끝자락이 보이는 듯도 하여 가벼운 마음으로 집을 나섰습니다.

제일 먼저 들른 곳은 고남저수지였습니다. 저수지를 둘러싼 벚꽃이 활짝 피어 반겨주었습니다. 선경이 따로 있을까요? 둘레에 쌓인 활짝 핀 벚꽃과 파란 하늘이 저수지에 내려앉아 하나가 되어있었습니다. 한 폭의 아름다운 그림이었습니다.

가로림만으로 옮겼습니다. 서해안 특유의 갯벌이 한없이 펼쳐져 있었습니다. 갯벌을 바라보며 가난했던 어릴 적 생각이 난다는 사무국장의 말에 문득 보릿고개 시절, 나문재에 보리밥을 비벼 먹던 그때가 떠올랐습니다. 솔감저수지를 거쳐 굴포운하 유적으로 향했습니다. 사실 굴포운하 유적을 와보고 싶었습니다. 말만 들었지, 사실 혼자 찾아 나서기가 쉽지 않았습니다. 우리 고장에 국책사업 유적이 있다는 것은, 역사적 의미 이전에 후손의 자랑거리가 됩니다. 그런데도 굴포운하 유적조차 모르고 산다면 이 또한 부끄러운 일이라고 생각했습니다. 호기심과 기대를 안고 팔봉면 진장리에 있는 굴포운하 유적지로 향했습니다.

막상 가보니 다소 넓은 도랑에 불과했습니다. 허망했습니다. 굴포운하에 관한 설명을 기록한 표지판이 없더라면 평범한 도랑쯤으로 여길만합니다. 안내 표지판 설명에 의하면 굴포운하의 위치는 태안군 인평리와 도내리를 거쳐 서산시 팔봉면 진장리와 어송리를 잇는 구간으로 고려 인종 12년(1134)부터 조선 현종 10년(1669)까지 535년간 삼남 지방의 세곡을 서울로 안전하게 조운하기 위해 시행한 역사적으로 가장 오래된 운하 건설의 유적지라고 했습니다. 굴포운하 전 구간 약 6.8km 중 개통된 약 4km 구간은 남북으로 형성되어 있으며 미개통된 약 2.8km 구간 중 확인할 수 있는 지역은 약 700m (폭 14m~63m)라고 했습니다.

운하 유적이라고 하니 그런가 보다 할 뿐, 지금은 그저 한낱 커다란 웅덩이, 풀만 무성한 습지로 변해 있었습니다. 도로 아래 운하라고 한 고랑에는 논으로 변해 있었습니다. 양편엔 잡목이 우거져 있었습니다. 지금 같았으면 이틀이면 끝낼 수 있는, 겨우 2.8km 구간. 수많은 양민의 피와 땀이 묻히고, 설계하고 추진했던 당시 위정자들의 안타까움과 탄식이 서린 곳이 바로 여기입니다.

충남 태안 마도 인근 해역은 예로부터 험난하기로 유명했다고 합니다. 오죽했으면 배가 지나가기 어렵다 해서 난행량(難行梁)이라 이름했고, 후에 편(安)하고 흥(興)하라는 염원을 담아 '안흥량(安興梁)'으로 고쳤다고 했습니다. 이렇게 험한 뱃길임에도 어쩔 수 없이 이용할 수밖에 없는 것은 전라도를 비롯한 3남 지역의 세곡(세금으로 거둔 곡식)을 서울(개경, 한양)로 운반하는 조운선이 반드시 통과하는 해역이기 때문이었습니다. 그러나 그 대가는 너무 컸습니다. 기록에 보면 1395년부터 1455년 사이 66년간 안흥량에서 발생한 해난사고는 파선이나 침몰 된 어선만도 200여 척이나 되었고, 인명피해 1,200명, 손실된 미곡(米穀)은 1만 5천 8백 석이나 되었다고 합니다. 그래서 궁여지책으로 생각해 낸 것이 바로 굴포운하란 것입니다. 천수만과 가로림만을 연결하여 험난한 안흥량을 피하자는 생각이었습니다. 그러나 고려 인종 때부터 조선 시대까지 무려 500여 년이 넘게 공사를 하였지만, 전체 7구간 중 4km만 운하를 내고 나머지 구간은 실패하고 말았습니다. 만일 굴포운하가 계획했던 대로 완성되었더라면 파나마 운하, 수에즈 운하보다 무려 400년이나 앞섰다고 하니 세계의 운하 역사가 바뀔뻔했습니다. 웅덩이로 변한 굴포운하 유적지를 보면서 한때 거대한 국책사업의 하나였던 유적지가 역사의 뒤안길로 사라짐이 한없이 안타까웠습니다. 굴포 운하 유적지를 보면서 지금이라도 개통하여 유람선이라도 띄어보면 어떨까 하는 생각도 해보았습니다. 없는 것을 만들어 관광객을 불러 모으는 시대입니다. 선조들이 그렇게 염원했던 운하를 후손들이 완성해서 미곡(米穀) 대신 관광객을 태우고 유람하는 모습을 천국에서 내려다보면 얼마나 흐뭇하실까요?

(2022.4.28.)

무슨 꽃이 피었나요?

5월을 가정의 달이라고 합니다. 5월 1일은 근로자의 날, 5일은 어린이날, 8일은 어버이날, 11일은 입양의 날, 15일은 스승의 날, 16일은 성년의 날, 21일은 부부의 날 등등, 참으로 가정을 위한 행사가 겹겹이 있는 달입니다.

가정을 한문으로는 집가(家)자와 뜰정(庭)자를 쓰지요. 한마디로 가정이란 집안의 뜰이라는 말이지요. 뜰에는 꽃이 있어야 하고 어우러져 피어 있어야 아름답습니다.

가정이란 말은 생각만 해도 포근하고 안락해집니다. 가정은 이 세상에서 유일하게 누릴 수 있는 천국의 그림자이기도 합니다. 그래서 누군가는 가정을 작은 천국이라 했습니다. 어느 화가가 세상에서 가장 아름다운 모습을 그려보겠다고 화구를 챙겨 길을 떠났습니다. 길을 가다가 목사님과 군인과 신혼부부를 만났습니다. 이들에게 차례로 물었습니다. 세상에서 가장 아름다운 것이 무어냐고? 그러자 목사님은 '믿음'이라 했고, 군인은 '평화'라고 했습니다. 신혼부부는 당연히 '사랑'이라고 대답했습니다. 이 말을 들은 화가는 고민하기 시작했습니다. 어떻게 '믿음' '평화' '사랑'을 한 폭에 그려 넣을 수가 있을까? 아무리 궁리하고 연구해도 그릴 수가 없어 낙심하고 집으로 돌아오고 말았습니다. 지친 몸을 이끌고 힘없이 문을 열고 들어서자 "아빠!" 하고 달려들어 안기는 아기들. 그 순간, 화가는 자기를 아빠라고 믿어주는 천진한 아기들 눈동자에서 '믿음'을 보았습니다. 그리고 남편이 오랫동안 집을 떠나있었는데도 여전히 따뜻한 미소로 맞아주는 아내에게서 '사랑'을 느꼈습니다. 화가는 아이들과 아내가 함께하는 식탁에서 오랜만에 맛보는 '평화'를 느꼈다고 합니다. 그렇지요. 가정은 믿음의 꽃과 사랑의 꽃과 평화의 꽃이 어우러져 피는 아름다운 정원입니다.

    가정은 인간들만 가지고 있을까요? 아닙니다. 동물의 세계에서도 가정이 있고 동료애가 있다고 합니다. 늑대는 일부일처로 부부가 무리를 이끌 때 수컷은 사냥하고 암컷은 육아를 담당한다고 합니다. 어느 한쪽이 죽기 전에는 바람도 안 피우고, 자기 가족이 위험에 처하면 물불을 가리지 않고 공격할 정도로 가족애가 지극하다고 합니다. 동굴 벽에 붙어사는 박쥐들도 동료애가 강하다고 합니다, 흡혈박쥐의 경우에는 매일 자기 몸무게의 반 이상이 되는 피를 먹어야 하는데, 40시간 정도 피를 먹지 못하면 죽는다고 합니다. 피를 공급받지 못하는 동료가 있으면 자신들 위에서 피를 토해 나눠준다나요. 참으로 눈물겨운 이야기가 아닐 수 없습니다. 그런가 하면 황제펭귄 이야기를 빼놓을 수 없지요, 황제펭귄은 영하 50도에 이르는 남극의 한파 속에서 암컷은 알을 낳아 수컷의 발 위에 올려놓는답니다. 발등 털로 알을 품은 수컷들은 몇 초만 드러나도 얼음이 되어버릴 알을 지키기 위해서 부동자세를 취하고 있다고 합니다. 또 발에 알을 품은 수컷들은 혹독한 추위를 이겨내기 위해 몸을 맞대어 밀집된 커다란 똬리를 튼다고 합니다. 먼저 몸으로 방풍벽을 핀 펭귄들은 서로의 체온을 모아 겹겹이 껴안으면서 바깥보다 10도나 높은 따뜻한 내부의 공간을 만들어 강강술래 모양을 하면서 안에 있는 펭귄이 바깥으로 바꾸면서 견뎌 낸답니다. 이것을 옹기종기 모여 온기를 만드는 허들링이라 부르지요. 이들은 그렇게 가정이란 뜻의 꽃을 만들어갑니다.

하지만, 우리 주위에서 점점 가정이 허물어져 가는 듯하여 안타깝습니다. 짐승들도 가꾸어가는 가정이 어느 순간부터 비스킷 조각처럼 부서지는 것 같습니다. 거의 절반가량 가정이 깨어지고 있다고 합니다. 인생 끝자락에 선 노인들까지 이혼의 대열에 끼어들고 있습니다. 그뿐입니까? 아예 결혼조차 하지 않고 살겠다는 사람은 왜 그리 많은지요? 결혼을 해도 1% 미만의 출산율은 어찌합니까? 스스로 생을 포기하는 사람들은 왜 그렇게 많을까요? 아주 잠깐이지만, 바람 소리조차 들리지 않는 공간에서 혼자 살아봤습니다. 외로웠습니다. 말할 수 없이 고독했습니다. 그래서 사람들은 스마트폰에 그렇게 매달리나 봅니다. 하지만 스마트폰이 잠시나마 심심함을 달래줄지언정 펄펄 끓는 이마를 짚어 주지는 못합니다. 손잡아 따뜻한 체온을 느끼지는 못합니다. 목마를 때 물 한 종지 떠주지 못합니다. 가정의 달을 맞아 다시 한번 가정의 소중함을 느껴봅니다. 노력해야지요. 이 세상에서 느낄 수 있는 유일한 천국 그림자. 지금 내 집 뜰에는 무슨 꽃이 피었나요? 5월, 가정의 달을 맞아 우리 모두 믿음과 사랑과 평화의 꽃을 곱게 피워 아름다운 가정을 이루시기를 권합니다.

(2022.5.2.)

아날로그 세대가 느끼는 오늘의 교육

5월 15일은 스승의 날입니다. 임금과 스승과 아버지는 하나로 섬겨야 한다(君師父一體)는 말이 있습니다. 아니, '있었다'라고 표현하는 것이 더 적절할 것 같습니다. 이제는 임금도 없는 시대요, 아버지 권위도 땅에 떨어졌으니 어찌 스승만 홀로 남아 대접받을 수 있겠습니까?

예전엔 스승의 그림자도 밟아서는 안 된다고 가르쳤습니다. 내가 어렸을 적에 화장실에서 나오는 선생님을 보고 선생님도 오줌을 누시나 했던 기억이 납니다. 그만큼 선생님을 신비하고 절대적인 존재로 여겼기 때문이었습니다. 한신대 총장이셨던 김재준 박사님은 이런 말씀을 하였습니다.

'교단에서 10년 봉직하셨으면 그분을 존경하는 마음으로 머리에서 모자를 벗고, 20년을 봉직하셨으면 허리를 굽히고 30년을 봉직했으면 무릎을 꿇어라.' 이런 글을 읽으며 자랐습니다.

　그러나 지금은 '선생은 많아도 스승은 없고 학생은 많아도 제자는 없다'라고 합니다. 예전 학교 교육은 지식 교육뿐만 아니라 인성교육까지 겸하여 가르쳤습니다. 그러나 지금의 교육 현실은 사람을 만드는 교육보다는 지식을 전달하는 수단만 남았습니다. 그것도 공교육은 제도만 남았고 오히려 지식전달의 수단은 사교육이 담당하고 있습니다. 학교에서 학생 지도를 하려다 학 부형에게 혼쭐난 신문 기사를 가끔 봅니다. 그러니 누가 섣부르게 인성교육을 하려 들겠습니까?

　큰 교회야 유아실을 따로 두지만. 그렇지 못한 교회에서는 어린이들과 함께 예배를 드립니다. 예배를 드릴 때 어린이가 뛰어다니는 걸 보고 그냥 못 본 척하는 젊은 부모를 봅니다. 식당 같은 곳에서 아기가 마구 뛰어다녀도 그냥 내버려 둡니다. 속으로 뭐라고 참견하고 싶지만, 꾹 눌러 참습니다. 무슨 봉변을 당할지 모르기 때문입니다. 학교에서도 가정에서도 인성교육을 하지 않으면 아이는 장차 커서 어떻게 살아갈까요?

　이솝우화에 나오는 이야기입니다. 이솝이 어렸을 때 목욕탕에 사람이 많은지를 보고 오라는 아버지의 심부름으로 목욕탕엘 갔습니다. 목욕탕 입구에 돌이 하나 놓여 있는 걸 보았는데, 여러 사람이 돌을 피해 드나들면서 아무도 그 돌을 치우지 않았습니다. 그때 한 어린이가 돌부리에 걸려 넘어지자 한 남자가 아이를 일으켜 준 뒤 그 돌을 번쩍 들어 치우고 목욕탕으로 들어가는 걸 보았습니다. 이솝이 집으로 돌아와 아버지에게 이렇게 말했습니다. '아버지. 목욕탕에는 한 사람밖에는 없어요.'

맹자는 사람이 사람 같지 않으면 사람도 아니라고 했습니다. 맞는 말입니다. 사람이 사람다워야 사람이지 짐승 할 짓을 사람이 한다면 어찌 사람이라 하겠는지요?

오늘의 교육이 사람을 만드는 교육이 아니라 기능인을 만들고 있다면 인성교육은 어쩔 것인가요? 교육 현장이 이렇다면 가정에서라도 인성교육을 담당해야 합니다. 유대인들은 부모보다 더 위대한 스승은 없다고 합니다. 그들은 5~6세 경부터 성경 과목을 가르치고 10세부터는 유대 구전법 수록 집인 미 쉬나를 가르치고, 13세에는 계율을, 그리고 15세에는 탈무드를 가르친다고 합니다. 세계인구의 02.0%밖에 되지 않은데도 노벨상 수상자는 179명이나 배출한 이유도 어쩌면 그들의 교육 방법에 있지 않을까 생각해 봅니다.

교육부 장관을 지냈으며 아시아 교육협회 이사장인 이주호 전 청와대 교육과학문화 수석은 지식 교육은 AI가, 교사는 인성·창의성 교육을 담당하자고 주장했습니다. 요즘 20대 이하 사람들을 가리켜 Z 세대라고 부릅니다. 디지털 원주민 세대라고 합니다. 그의 주장대로 오히려 지식전달은 기억과 능력의 한계가 있는 사람보다는 오히려 AI가 훨씬 효과적일 겁니다. 기계가 사람에게 지식을 가르쳐줄 수는 있어도 기계는 기계일 뿐입니다. 사람을 사람답게 만들어 주는 것은 인간 몫입니다. 그러려면 먼저 선생이 스승이 되어야 할 것입니다. 지식전달자가 아닌 사람을 사람답게 만드는 스승이 되어야 할 것입니다. 그뿐만 아니라 부모님도. 적극적으로 동참하여 가정에서부터 인성교육 바탕을 길러내야 합니다. 디지털 시대를 따라가기 버거운 아날로그 세대가 바라본 오늘의 교육 현실은 세대 차이만큼 답답하기만 합니다.

(2022.5.2.)

효란 무엇인가?

어버이날을 맞이합니다. 어버이날을 법정기념일로 제정한 이유는 길러주신 어버이의 은혜에 감사하고, 어르신을 공경하는 마음과 산업화·도시화·핵가족화로 퇴조해가는 어른 봉양과 경로사상을 확산하는 계기로 삼기 위함입니다. 우리나라에서는 1956년에 5월 8일을 어머니날로 정하였으며, 그 뒤 1973년에 명칭을 어버이날로 바꾸어 국가적인 행사로 삼고 있습니다.

유교를 숭상한 우리 조상들은 충효를 으뜸으로 삼았습니다. 효를 필수 과목으로 가르쳤으며 효자를 선발하여 표창하였고, 과거시험 과목으로 채택하였습니다. 곳곳에 효자비를 세워 효의 모범이 되도록 하였고 효행록을 발행하여 보는 이로 하여금 귀감이 되도록 하였습니다. 불효자에 대하여는 엄하게 다스렸지요. 불효자는 과거시험도 볼 수 없었습니다. 부모를 구타하거나 욕설을 한 사람에게는 극형이나 징역형에 처했습니다.

　효도의 개념이나 방법도 시대에 따라 크게 달라졌습니다. 현대 사회에서 부모가 병에 걸려 위중한데 병원에 데리고 갈 생각은 하지 않고 손가락을 잘라서 피를 먹였다면, 그 아들을 효자라 하겠습니까? 물론 그런 사람은 없겠지만, 아마 그런 사람이 있다면 한참 모자란 사람이라 할 겁니다. 부모님이 돌아가셨는데 사표 내고 3년 동안 산소 옆에 움막 치고 있다면, 틀림없이 토픽감이 될 게지요. 지금은 부모가 늙어도 자식들이 모시고 봉양할 수도 없습니다. 나이 들면 요양병원이나 요양원으로 가야 하는 시대가 되었습니다. 그렇다고 하더라도 부모의 은공을 잊어서는 안 됩니다. 왜냐하면 효는 인간의 기본적 도리이기 때문입니다. 부모님 은공은 옛날이나 지금이나 변한 건 하나도 없습니다. 열 달 동안 입덧으로 고생하시고 출산의 고통을 이겨 내시고, 진자리 마른자리 갈아 뉘시고 길러주고 가르쳐 주신 그 은공을 모른다면 금수와 다를 것이 무엇이겠습니까? 나는 부모님의 은공을 잊지 않는 마음 자세가 무엇보다도 중요하다고 생각합니다. 의무가 아닌 진정으로 우러나오는 효도가 참 효도입니다. 전에 요양원에서 봉사할 때 나는 여러 형태의 부모와 자녀의 모습을 보았습니다. 참으로 놀라운 사실을 발견했습니다. 그 많은 부모 자식 사랑은 한결같은데 자식들이 부모를 대하는 태도는 제각각이라는 것이었습니다. 멀고 가깝고를 따지지 않고 매주 또는 한 달에 한 번씩은 꼭 부모님을 뵙고 다정한 대화를 나누고 가는 자녀들이 있는가 하면, 엎드려지면 코 닿을 데 살면서 코빼기도 내밀지 않는 자식도 있습니다. 어느 어머니는 자식이 보고 싶어서 여러 번 연락해도 오지 않았습니다. 꾀를 내기를 동네 사람이 문안차 왔을 때 땅속에 돈 항아리를 묻었는데 괜찮은지 모르겠다고 했습니다. 그 말을 들은 아들이 돈 묻은 곳이 어디냐? 득달같이 달려와 물었습니다. 거짓말도 못 하느냐고 해서 그 이야기가 온 요양원에 한참을 나돌기도 했습니다. 그런가 하면 치매 걸리신 구십 되신 노모, 저녁 식사 후 침실에 오셨는데 어르신 몸에서 이상한 냄새가 났습니다. 목욕을 시키려고 옷을 벗기니 반찬으로 나온 갈치 생선 한 토막이 젖가슴에서 툭 떨어졌습니다. "큰 애 줄려구, 큰 애 줄려구…" 이를 들킨 노모는 안타까워하셨습니다. 며칠 후 면회 온 아들이 그 말을 듣고 펑펑 울었습니다. 이를 지켜보던 많은 사람이 함께 울었습니다. 그렇습니다. 부모의 마음은 언제나 자식에게 가 있습니다. 효는 무엇보다도 부모님께 걱정을 끼쳐 드리지 않는 것입니다. 가정을 잘 꾸리고 다른 사람들에게 손가락질받지 않고 살면 그것이 효도하는 길이라고 생각합니다. 거기다 자주 전화를 드리고 가끔 자녀와 함께 찾아와 얼굴을 뵈어 드리면 그것이 바로 효도하는 것이지요. 그렇게 하면 그 자녀에게 억지로 가르치지 않아도 자연스레 효를 가르치게 됩니다, 성경에는 부모를 공경하는 것이 약속 있는 첫 계명이라고 했습니다. 불경에도 부모 섬기는 것이 곧 부처님을 섬기는 일이라고 했습니다. 결국 부모님께 효도하는 일은 자신이 복을 받는 일입니다. 효는 이해타산이 아닙니다. 논리적이거나 합리의 세계가 아닙니다. 그러나 부모님께 효도하여 복도 받고 은공도 갚는다면 이것이 일석이조가 아니겠습니까? 어버이날을 맞아 다시 한번 효가 무엇인가를 생각해 보았습니다.

(2022.5.7.)

소통 부재의 시대

—하루만이라도

　내 말을 들어줄 사람이 있다면 행복한 사람입니다. 힘들고 어려울 때 부탁하면 도움을 줄 수 있는 사람이 있다면 행복한 사람입니다. 그러나 불행하게도 10명 가운데 3명은 몸이 아파도 집안일을 부탁할 사람이 주변에 없고, 10명 중 5명은 갑자기 목돈이 필요할 때 손을 벌릴 지인이 없다는 통계청 조사 결과가 나왔습니다(2022.2.24.). 낙심하거나 우울해도 10명 중 2명은 속을 터놓고 이야기할 사람도 없을 만큼 한국인은 20%가 외로움을 느낀다고 했습니다. 이는 코로나가 장기화하면서 사회적 고립감이 커진 것이란 분석입니다.
　그러나 비단 코로나란 전염병 때문만은 아닐 듯 싶습니다. 4차 산업 시대에 접어들어 스마트 폰이나. 인공지능이 사람의 자리를 대신하고 있습니다. 어쩌면 사람 사이의 소통 부재는 당연한 결과라는 생각이 듭니다. 식당에 한 가족인 듯한 사람들이 들어와 한 식탁에 앉아 주문한 음식이 들어오기 전, 사람끼리의 대화는 들을 수 없고, 모두 스마트 폰을 꺼내어 정신없이 들여다보고 있습니다. 그 짧은 시간마저 참지 못하는 겁니다.

우리나라의 황혼이혼이 급속히 늘고 있다고 합니다. 오랜 세월을 참고 살다가 이제는 자유롭고 남은 생이라도 평안하게 살고 싶다는 것이지요. 이혼 원인 대부분이 신뢰 부족이나 일방적 인식의 틀에 갇혀 살다가 생긴 감정의 골이 쌓여 결국 막다른 골목까지 이른 것입니다.

널리 알려진 노부부 황혼이혼 일화는 소통의 부재가 얼마나 심각한가를 말해줍니다. 이혼한 노부부가 법정을 나올 때 이혼 절차를 맡아주었던 변호사가 마지막으로 저녁을 먹자고 권유했다고 합니다. 세 사람은 식당으로 들어가 식사를 하게 되었습니다. 주문한 음식은 통닭이었는데 할아버지는 할머니에게 마지막 선물하는 심정으로 할머니가 좋아했던 닭 날개를 찢어 주었다고 합니다. 그러나 응당 좋아할 줄 알았던 할머니가 갑자기 소리를 지르며 화를 냈다고 합니다. 세상에! 이혼하는 날까지 날개를 줘? 아니, 당신은 날개를 좋아했잖아? 내가 날개를 좋아해서 날개만 먹은 줄 알아? 나도 닭다리가 좋다고. 그럼 진작 싫다고 말하지 않았어? 두 사람은 다투고 헤어져 집으로 돌아갔다고 했습니다. 돌아간 할아버지는 아내가 했던 말에 심한 자책감이 들어 아내에게 전화를 걸었지만. 끝내 할머니는 전화를 받지 않았다고 합니다. 전화 받기를 거절했던 할머니는 할아버지 진심을 오해했다는 생각이 들어 후에 할아버지에게 전화를 걸었으나 다른 사람의 목소리였다고 합니다. 남편께서는 심장마비로 돌아가셨습니다. 병원에 달려가 보니 할아버지의 핸드폰에서 보내려다 못 보낸 문자 메시지가 남겨져 있었다고 합니다. 여보, 미안해. 사랑해, 용서해 줘.

우리 같은 세대는 감정표현이 서툽니다. 아니, 아예 입을 닫습니다. 그러다 보니 남자는 사랑하는 마음만 가슴에 담고 있으면 됐다고 생각합니다. 그러나 여자들은 그걸 꺼내어 내놓기를 원하지만, 적극적으로 요구하지 않습니다.

갈등은 어디서 올까요? 다 그런 것은 아닐지라도 대부분 갈등은 소통 부재에서 온다고 합니다. 소통이란 사물이 막힘이 없이 잘 통하는 걸 말할진대 이웃은 고사하고 부부간 대화마저 끊어지고 있습니다.

이제 사람 대신 인공지능 기계와 소통하고 있습니다. 아이들은 인공지능과 농담도 하고 스무고개 놀이도 합니다. 커튼 쳐 놓고 대화하면 사람인지 로봇인지 구분할 수 없는 시대가 되었습니다. TV 속 사람이 진짜인지 가짜인지 알 수가 없습니다. 하지만, 기계는 영원한 기계일 뿐, 기계가 인간의 영혼까지 달래줄 수는 없습니다. 로봇은 웃을 수는 있어도 눈물을 흘릴 수는 없습니다. 소통하지 못하는 삶은 슬픈 삶입니다.

안타까운 삶입니다. 잠시 스마트 폰을 내려놔 보지요. 막혔던 입을 열고 기계 대신, 문자 대신 말을 해보면 어떨까요? 5월 21일은 부부의 날입니다. 2와 1의 의미는 둘이 하나가 된다는 뜻이겠지요. 그날, 하루만이라도 마주 한번 쳐다봐요. 곱던 얼굴, 어느새 골 깊은 주름이 가득하고 까마귀 같던 검은 머리는 서리가 하얗게 내린 것이 보이지 않나요? "여보, 고생했어요." "여보, 수고했어요." 누가 압니까? 이말 한마디가 막혔던 담이 무너지고 닫혔던 소통의 문이 활짝 열릴지.

(2022.5.11)

아버지, 아! 아버지

'엄마란 무슨 존재인가'라고 물어본다면, 머릿속에서 단번에 나오는 그림이 있다. 하지만, '아버지란 무엇인가'라는 질문에는 세월이 지나 고민을 해봐도 그림이 나오지 않는다.' 이건 나의 이야기가 아니라 어느 20대 초반이 된 여인의 글입니다. 그런데 묘하게도 이 글이 한때 내가 가졌던 아버지를 향한 마음이었고, 어쩌면 내 아이들도 이런 마음이 아닐까? 라는 생각도 듭니다. 그렇습니다. 아버지는 한마디로 표현할 수 없는 존재입니다. 어머니처럼 말만 들어도 핑하고 눈물이 나는 애틋함도, 그리움도, 죄책감도 아닌, 무언가 참으로 많은 복합적인 존재가 아버지란 이름이니까요. 누군가는 아버지의 인상은 나이에 따라 달라진다고 했습니다.

4살 때는 아빠는 무엇이나 할 수 있는 사람이고. 7살 때는 아는 것이 많은 사람이었다가 12살이 되면 '아빠는 모르는 것이 너무 많다'로 바뀌고. 14살 때는 우리 아빠와 난, 세대 차이가 너무 많이 난다. 25세가 되면 아버지를 이해하긴 하지만, 기성세대는 이미 갔습니다. 30살이 되면 아버지의 의견도 일리가 있지요. 40세가 되면 아버지 의견도 들어봅시다. 50세가 되면 아버지는 훌륭한 분이시라고 했다가 60살 때가 되면 아버님께서 살아계셨더라면 조언이라도 들었을 텐데. 그러면서 말합니다. 아버지는 돌아가신 후에야 보고 싶은 사람이라고요.

　나도 세월이 지나 아버지가 되어보니 아버지를 알게 되었고, 더 세월이 흘러 나이가 들으니 아버지 마음을 알게 되었습니다. 아버지 마음은 먹칠한 유리로 되어 깨어지기도 잘하지만, 속은 잘 보이지 않는다고 했습니다. 우리같이 절대적 가부장 제도에서 태어나 자유주의 시대를 살다 보니 이것도 저것도 아닌 어정쩡한 아버지가 되었습니다. 딸을 프랑스 파리에 떼어놓고 오면서 드골 공항 공중화장실에서 세면대 물을 틀어놓고 펑펑 울었던 기억이 납니다. 물론 저 좋아서 한 결혼이지만, 머나먼 이국땅에 떼어놓고 오자니 만 가지 생각이 났습니다. 물론 아내도 울었겠지요. 서로 한 약속은 아니었지만, 딸아이 앞에서 우는 모습을 보여주고 싶지 않은 건 말하지 않아도 알게 되지요. 화장실에서 나온 아내의 눈도 뻘겋게 물들어 있었습니다. 벌써 세월이 많이 흘러갔습니다. 지금은 잘살고 있지요. 손녀가 대학교에 들어갔습니다.

난 프랑스 공항에서 펑펑 울었던 그때나 지금이나 똑같이 딸을 사랑합니다. 몇 해 전 집에 왔을 때 내가 가장 귀한 게 무엇일까 생각하다가 창조문학 대상 때 받았던 순금 메달을 주었습니다. 나이가 많아지니 사람의 일이란 알 수 없다는 생각이 들었기 때문입니다.

아내와 딸은 자주 몇 시간씩 통화하고 있습니다. 나와는 거의 통화를 하지 않습니다. 그래도 딸의 목소리는 흘러나오는 아내의 전화기에서 듣고 있지요. 내 소식도 잘 알고 있겠지요. 언젠가 전화가 왔을 때 잘 있었느냐는 한마디를 하고 나니까 별로 할 이야기가 생각나지 않았습니다. 그래서 '엄마 바꿔줄게'하고는 아내에게 전화기를 건네주었지요. 문득, 전에 들었던 미국에 유학 간 아들의 이야기가 생각나서 씁쓸하게 웃었습니다. 어머니와는 매일 통화하다가 갑자기 아버지가 생각나서 전화했답니다. 유학을 보내준 건 아버지 덕분인데 제대로 아버지에게 감사의 말 한마디 하지 못한 게 걸리더랍니다. 그래서 오늘은 특별히 위로해 드려야겠다고 전화했더니 그 아버지도 나처럼 "엄마 바꿔줄게" 했다지요. 그러자 아들이 "아니요, 오늘은 아버지하고 이야기하려고요." 이때 아버지의 말 "왜? 돈 떨어졌니?" 아들이 당황해서 "아니요, 아버지께 큰 은혜를 받고 살면서 너무 불효한 것 같아 오늘은 아버지와 이런저런 말씀을 나누고 싶어요." 했더니 아버지 대답 "너, 술 마셨니?"라고 했답니다. 생각해보면 오늘날 서

글픈 아버지의 자화상입니다. 나도 아이들과 이런저런 이야기를 하고 싶지만, 그저 매일 새벽 하나님께 간절한 마음으로 기도하고 있을 뿐이지요. 뭘 바라고 키웠겠습니까? 그저 따뜻한 말 한마디면 족하지요.

저세상에 계신 아버지가 한없이 그립습니다. 열일곱 살짜리 아들을 대처에 보내 놓고 제때 학비를 보내지 못해 할아버지 제상(祭床) 앞에서 목 놓아 우셨다는 아버지. 아버지가 되어보니 알겠습니다. 나이가 들어가니 아버지 마음을 알겠습니다. 아버지, 아! 아버지. 불러도 대답이 없으십니다.

(2022.5.3.)

제 2 부

운명을 바꾸는 삶

아버지의 군복

6월이 되면 생각나는 시 한 편이 있습니다. 어느 문학관에 견학하러 갔다가 벽에 걸린 시를 보고 베껴왔습니다. 해마다 6월이 오면 이 시를 꺼내어 보며 나라를 지키는 분들에게 고마움을 느낍니다. 이 시는 2007년 울산 보훈 지청에서 공모한 보훈 문예 현상공모 일반부에서 우승한 조명숙 시인의 '승천한 아버지의 군복'이란 시(詩)입니다.

돌아가신 아버지, 늘 말씀하셨다/ 사람의 행동은 입고 있는 옷이 만든다고/ 한평생 군복만 입고 살아온 아버지는/ 세상 옷, 입자마자 간암으로 돌아가셨다/ 전국 해안의 초소를 돌던 아버지의 군복/ 방 안 구석 짭쪼롬한 바다 냄새 풍기며 걸려있었다/ 식구들 어느 누구도 선뜻 입지도 버리지도 못하였다/ 점점 먼지가 쌓여가도, 아버지가 벗어두고 간 영혼 같아서/ 버리기도 태우기도 어려웠던 아버지의 낡은 군복/ 몸을 비운 헐렁한 아버지의 군복은/ 캄캄한 밤이면 이따금 스님의 승복처럼/ 신부의 사제복처럼 성스러운 빛을 내뿜곤 했었다/ 얼마나 많은 유혹을 이겨온 옷인지/ 얼마나 많은 땀을 받아낸 옷인지/ 얼마나 많은 총알을 받아낸 옷인지/ 어느 누구도 아버지의 낡은 군복에 관심이 없었지만,/ 늘 함구가 장끼이던 선임하사 아버지처럼/ 방 안 구석 있는 듯 없는 듯 십자가처럼/ 못 하나에 걸려있었던 아버지의 군복/ 어느 날 단단한 못 하나 남겨 놓고/ 승천(昇天)하고 없는 아버지의 군복.

　아버지는 일생을 전국 해안 초소를 돌아다니며 근무한 직업 군인이셨습니다. 그 아버지가 퇴역을 하자마자 몹쓸 간암에 걸려 하늘나라로 가고 말았습니다. 남들이 늘 입고 다니는 세상 옷이 오히려 불편하게 느끼던 직업 군인이셨던 아버지. 아버지는 평생 입었던 군복을 벗어 놓고 이제 막 세상 옷을 입고 살아보려는 순간 군복 한 벌을 남겨 놓고 하늘나라로 가셨습니다.
　"사람의 행동은 입고 있는 옷이 만든다."
　참으로 맞는 말입니다. 사람들은 무슨 옷을 입고 있느냐에 따라 마음도 행동도 달라지게 마련입니다. 그 아버지는 군복이 좋아서 입은 것이 아니었습니다. 군복을 입고 있으므로 나라를 더 사랑하게 되고 군복을 입고 있으므로 더욱 더 국토방

위에 그 책임을 느낄 수 있다는 그 뜻을 이렇게 자식 앞에, 아니 스스로에게 다짐하곤 했습니다.

  너무도 갑작스런 이별 앞에 가족들은 아버지가 평생을 입고 있던 군복을 차마 버리지 못하였습니다. 점점 먼지가 쌓여가도 아버지 영혼이 깃든 군복을 어느 누구도 감히 입거나 버리지 못하고 벽에 걸어 놓았습니다. 아버지 군복은 한낱 의복이 아니었습니다. 벽에 걸린 아버지 군복은 아버지의 혼이 배어 있고 땀이 배어 있고 아버지 정신이 배어 있습니다. 아버지 군복은 도를 닦는 승복이었습니다. 아니 신부의 성스러운 사제복이었습니다.

  아버진들 왜 남들처럼 떵떵거리며 살고 싶지 않았겠습니까? 넓고 넓은 세상에 나가 마음껏 하고 싶은 것들을 하며 살고 싶지 않았겠습니까? 하지만 아버지는 세상으로 향하는 온갖 유혹을 물리치고 오직 나라 사랑에 대한 집념으로 일생을 군인으로 보내셨습니다.

  못에 걸려있는 땀내 나는 아버지 군복 속에서 딸은 십자가의 예수님 형상을 발견합니다. 비록 장교도 아닌 부사관 신분이었지만. 오직 나라를 사랑하고 지킴이 그 무엇과도 비길 수 없는 사랑이었음을 알았습니다. 그 사랑과 희생으로 온 국민이 마음 편하게 생업에 종사할 수 있었습니다. 아버지가 입었던 군복은 그래서 더 버릴 수가 없었습니다. 그래서 아버지의 군복은 십자가처럼 숭고하고 위대한 사랑이었음을 알았습니다다. 아버지 군복은 언젠가는 버려지겠지요. 그러나 아버지의 정신과 큰 뜻은 쉽게 사라지지 않겠지요.

  생각해 보면 이 땅에는 수많은 조명숙 시인의 아버지가 있습니다. 과거에도 목숨을 초개와 같이 버려 이 땅을 지키신 호국 선열들이 있었고, 지금도 처처에서 명절도 없이 밤잠도 자지 못하고 나라를 위해 헌신하는 분들이 계십니다. 앞으로도 우리는 이러한 애국정신을 이어받아 내 나라 내 조국을 지켜나가야 할 것입니다. 다시 한번 그 정신을 상기하며 <승천한 아버지의 군복>을 조용히 읊조려 봅니다.

(2022.5.6.)

6월을 맞으며

20여 년 전, 90세 가까이 되시는 고령의 할아버지가 종로 세무서를 찾아왔다고 합니다. 큰 상을 받았는데 세금을 계산해 달라고 부탁하였습니다. 그때 직원은 "고령이신데 이렇게 찾아오셨다"고 하니, 그는 "세금을 최고로 많이 낼 수 있도록 계산해 달라"고 하였습니다. 그렇게 받아 본 세금 납부 통지서에 대하여서도 세금을 왜 이렇게 조금만 매기느냐며 우겨서 억지로 최대한 내도록 했더니 "내가 애국 좀 하려는데 도와주지 않는다"라며 섭섭해했다고 합니다. (나라 잃은 서러움을 뼛속 깊이 느낀 그때 그 사람 - 한효섭 칼럼에서)

이분은 바로 일제 강점기에 베를린 하계 올림픽에서 마라톤 금메달을 딴 손기정 선생 이야기입니다. 선생은 "나라 없는 식민지 국민으로서 아무것도 할 것이 없었다. 오직 달리고 달리는 것뿐."이라고 했습니다. 수상 소감에서 "기쁘지만, 웬

일인지 기쁨보다는 알지 못할 설움만이 가슴에 북받쳐 울음만 나옵니다"라고 했습니다. 우승 후 시상식에서 일장기가 게양되고 일본 국가가 울려 퍼지는 순간 죽음보다 더 아픈 고통을 겪었다고 합니다. 가슴에 단 일장기가 그렇게 한스러울 수가 없었다고 합니다. 어찌 선수인 손 선생만 그렇겠습니까? 손기정 선수의 금메달 소식을 전하던 <조선 중앙일보>는 일장기를 일부러 흐리게 하였고 <동아일보>는 아예 일장기를 지워버렸습니다. 이에 따라 신문은 폐간되고 말았습니다. 나라 잃은 백성들의 서러운 모습이 이런 것입니다. 하나님의 마음까지도 움직이는 것이, 나라 없는 백성들의 고통과 울부짖음이었습니다. 하나님은 나라 없는 백성들의 고통을 분명히 보고 그들의 부르짖음을 듣고 이스라엘을 구원해 주셨습니다. 출애굽 때도 그랬고, 1948년에도 그랬습니다. 그들은 애굽에서 종살이하면서도, 나라를 잃고 전 세계로 흩어져 살면서도 정체성을 잃지 않고 결국 오늘의 이스라엘이 되었습니다.

6월은 호국 보훈의 달입니다. 6월은 유난히 호국에 관련된 날들이 많습니다. 6월 1일은 의병의 날로 임진왜란 당시 곽재우 장군이 최초로 의병을 일으킨 날(음력 4월 22일, 양력 6월 1일)이며, 6월 6일은 현충일로 나라를 위해 나라를 위해 목숨을 바친 장병들과 순국선열의 충혼을 기리는 날입니다. 또 6월 25일은 잊을 수 없는, 동족상잔의 전쟁이 일어난 날입니다. 1950년 6월 25일 새벽, 북한군이 남북 군사분계선인 38선을 넘어 남침으로 전쟁이 시작되었습니다. 6월 29일은 제2연평해전이 일어난 날입니다. 대한민국의 평화와 국민의 안전을 위해 소중한 목숨을 바친 호국 영령들. 어찌 그들의 숭고한 정신을 잊을 수가 있습니까? 그러나 안타깝게도 잊어가고 있습니다. 엊그제 초등학생에게 6·25 때 어느 나라가 쳐들어왔느냐고 물었더니 "일본 인가?"라고 대답하는 학생도 있었습니다.

나라 사랑은 백번 천 번 외쳐도 부족합니다. 우리는 광복한지 겨우 77년, 6·25 동족상잔의 상처가 아직도 아물지 않은 지금, 나라를 위해 하나밖에 없는 고귀한 생명을 바친 호국 영령들을 어찌 잊을 수가 있겠습니까?

역사학자 아놀드 토인비는 <역사의 연구>에서 인류의 문명은 도전과 응징이라 정의했습니다. 개인은 말할 것도 없고 문명마저도 닥쳐오는 위기에 효과적으로 대처한다면 생존하고 번영하겠지만, 그렇게 하지 못한다면 결국 존립 자체가 어렵다는 말입니다.

로마의 전략가인 베제티우스는 "진정 평화를 원하거든, 전쟁을 준비하라"라고 했습니다. 소멸시효란 말을 들어보셨지요? 모든 채권 채무는 일정한 시간이 경과 하면 권리가 소멸한다는 말입니다. 잠자는 권리는 보호할 가치가 없다네요. 평화를 지킬 능력이 없는 국민은 평화를 누릴 자격이 없다고 한다면 지나친 말일까요? 지금 소련과 우크라이나 간 전쟁이 계속되고 있습니다. 상대방이 약하다고 생각할 때 침략당합니다. 장비도 중요하지만, 그에 못지않은 것이 바로 의지입니다. '무릇 지킬만한 것보다, 더욱 네 마음을 지키라'라고 하나님은 말씀하셨습니다. 우크라이나가 지금까지 견딜 수 있었던 것은, 바로 나라를 지키겠다는 호국의 정신력입니다. 6월 호국의 달을 맞이하여 다시 한번 고귀한 목숨을 바친 선열의 고마움을 새겨보았으면 좋겠습니다.

(2022.6.3.)

유월의 꽃

　유월에 피는 꽃은 붉다/붉은 피꽃이다//꺾인 청춘/붉은 넋이 되어/꽃잎마다 서려 있다//맨손의 영웅들은/ 고지마다 전설을 남기고/들꽃이 되어 붉게 피어났다//
　헤아릴 수 없는 수많은 붉은 꽃들/어찌 이 나라꽃들만 붉으랴/세계 열여섯 나라꽃들도 함께 붉다//비목은 쓰러지고/노래는 사라지고/진실마저 외면되어 유월의 꽃은 서럽다//꽃잎은 빛이 바래고/꽃이 진다//아직도 유월은 활화산인데…….

　이 시는 필자가 20여 년 전 대전 현충원에 갔다가 쓴 '유월의 꽃'이라는 졸시의 전문입니다. 나라를 지키다가 장렬하게 목숨을 바친 호국 영령들을 생각하면서 차마 그대로 발길을 돌릴 수 없었습니다. 몇 년 후 우연히 부산에 있는 유엔기념공원을 가게 되었습니다. 부산광역시 남구에 있는 유엔군 전사자 묘지였습니다. 재한유엔기념공원이라고도 부릅니다. 비치되어있는 안내문을 보았습니다. 6·25 한국 전쟁 당시에 유엔군 전몰장병들의 유해를 안장하기 위해 조성된 공원으로 1951년 1월. 전사자 매장을 위해 유엔군 사령부가 전국 각지에 흩어져 가매장되어 있는 유엔군 전몰장병들의 유해를 안장하였다고 했습니다.

기념공원 안에는 한국 전쟁 중 전사한 4만여 명의 유엔군 전몰장병들 이름을 새긴 유엔군 전몰장병 추모비와 유엔군 사진 자료와 기념물을 전시한 기념관, 그리고 유해가 안장되어있는 묘역이 있었습니다.

공원을 둘러보면서 이름도 알려지지 않은 독립된 지 겨우 5년에 불과한 극동의 조그만 나라를 위해 그리고 세계 평화와 자유를 위해 고귀한 생명을 바친 그들의 이름들을 훑어보면서 물었습니다. 만일 그들의 희생이 없었더라면 과연 우리 대한민국이 지금 존재할 수 있었겠는가? 나도 모르게 눈가가 촉촉해졌습니다.

당시 소련 수상 흐루쇼프 회고록에 따르면 김일성은 남침 공격을 위한 완벽한 계획서를 가지고 1949년 3월 소련을 방문해 스탈린을 만났다고 합니다. 그리고 1950년 1월 김일성은 두 번째로 모스크바를 방문해 군 지원 요청과 남침 승인에 대한 확답을 받았습니다. 인민군은 6월 12일부터 훈련을 가장해 38선 인근으로 이동하면서 6월 23일까지 모든 준비를 마쳤고, 24일에는 해병대 병력을 실은 인민군 수송선이 동해안으로 출항하면서 다른 한편으로는 남한 정부에 평화통일안을 제의하며 연막작전을 폈습니다. 그때 남한에서는 전쟁 발발 위기 상황을 전혀 깨닫지 못하고 오히려 6월 24일 자정을 기해 비상경계령 해제와 더불어 전 장병 2분의 1에게 휴가를 주어 외출과 외박을 시켰다고 하니 전방 장병 절반 이상이 텅 비어 있었던 것입니다. 1953년 7월27일까지 3년 1개월간 동족상잔의 비극적인 전쟁이 이렇게 시작되었습니다. 전쟁 발발 3일 만에 서울이 함락되고 결국 낙동강까지 밀려 내려와 남한의 10%밖에 남지 않은 경상도 일부 지역에서 국군과 유엔군의 필사적인 저지로 이 나라를 지켜낸 것입니다. (다음 카페 '꼭 기억해야 할 두 분의 이야기'에서)

  이 전쟁으로 인하여 3년 1개월 동안 20만 명의 미망인과 10만 명의 고아와 1,000만 명의 이산가족이 발생하였고 남북한 군인 사상자와 민간 사상자를 합하여 약 600만 명이나 되는 엄청난 재앙을 가져왔습니다. 한국 전쟁으로 인하여 16개국 나라 젊은이들이 목숨을 바쳤습니다. 이제 한국 전쟁이 발발한 지 어느덧 72년이 흘렀습니다. 전쟁에 참여하셨던 어르신들은 100세가 넘었으니 대부분 이 세상에 계시지 않을 것입니다. 필자도 어렴풋이 당시 기억의 조각만 남아있을 뿐입니다. 그때 태어난 아이가 이제 70 고령이 되었습니다. 지금은 전쟁의 참

혹함과 처참함을 상상으로만 그릴 뿐 실감하지 못하는 시대가 되었습니다. 이제 대한민국은 풍요와 번영으로 세계가 인정하는 선진국이 되었고 문화 강국이 되었습니다. 그러나 자세히 살펴보면 아직 전쟁은 끝나지 않았습니다. 얼마 전 북한은 동해상을 향하여 탄도미사일을 발사하였습니다. 올해 들어 18번째입니다. 북한은 현재 7차 핵실험도 준비 중이라는 보도도 있었습니다. 여전히 이 땅은 활화산입니다. 단재 신채호 선생은 '역사를 잊은 민족은 재생할 수 없다'라고 했습니다. 이 땅에 다시는 같은 비극이 일어나지 않도록 6·25의 교훈을 새기고 또 새겨야 할 것입니다.

(2022.6.11.)

운명을 바꾸는 삶

스티븐 코비의 90대10의 원칙이 있다고 합니다. 스티븐 코비(Stephen R. Covey)는 미국인으로 코비 리더쉽 센터 창립자로서 타임즈에 '미국에서 가장 영향력 있는 25명' 가운데 한 사람이라 했습니다. 그의 90대 10 원칙은 우리 인생에서 일어나는 일 중 10%는 전혀 의지와는 무관하게 일어난다는 것입니다. 병이 난다든가. 자동차가 고장 난다든가. 비행기의 연착. 끼어드는 자동차 등. 자기 자신의 힘으로는 어쩔 수 없는 상황 등입니다. 나머지 90%는 자신이 결정한다고 했습니다. 어쩔 수 없이 일어나는 10%에 대한 90%의 반응 결과에 따라 인생이 바뀐다는 말입니다. 이것이 90대 10의 원칙입니다.

L 장로님은 이미 항암치료를 받고 회복하는 중입니다. 정기 검진을 받을 때마다 상태가 좋아졌다고 해서 안심하고 있

었습니다. 그런데 어느 날 운동을 하다가 잘 못 되었는지 한쪽 다리에 통증이 왔다고 했습니다. 병원에 가서 주사를 맞고 두어 달 동안 치료를 받았으나 차도가 없어 서울 S 병원에 가서 검사를 받았다고 했습니다. 의사로부터 골반에 이상이 발견되었다며 혹시 암이 전이 되지 않았는지 정밀 검사를 해보자 해서 사진을 찍고 왔다는 것입니다. 검사 결과를 보러 가기 전날, 장로님 내외분과 함께 저녁을 먹었습니다. 걱정스러운 표정을 보았는지 오히려 장로님이 위로하러 들었습니다.
"크게 걱정을 하지 않습니다. 사람의 생명이 하나님께 있는데 내가 걱정한다고 해서 무에 달라질 게 있습니까?"

검사 결과가 궁금했습니다. 직접 당사자에게는 차마 물어 볼 수 없어 부인 되시는 권사님에게 물었습니다. 혹시나 했던 기대는 무너지고 최악의 소식이었습니다. 뭐라고 위로할 말이 생각나지 않아 용기를 잃지 말고 하나님께 기도하자는 말만 했습니다. 그런데 뜻밖에도 아이들 떠드는 소리와 어른들의 웃음소리가 전화기를 타고 들려왔습니다. TV를 틀어 놨느냐고 물었습니다. 아니라고 하면서 교인들이 왔다고 했습니다. 웃음이라니? 의아해서 물었더니 장로님이 우스갯소리를 해서 웃고 있다고 했습니다. 장로님은 늘 이랬습니다. 그 동안 몇 번의 대수술을 받았고 그때마다 오뚝이처럼 일어나서 씩씩하게 생활 전선에 뛰어들었습니다. 그렇게 어렵다는 항암치료를 받고도 한 이틀 누워있다가 일어났습니다. 매번 손수 운전해서 서울 병원에 다녀왔습니다. 그러나 이번엔 좀 달랐습니다. 항암치료 중에 또 다른 부위로 전이 된 것입니다. 더구나 골반이었습니다. 제발 몹쓸 병이 아니길 간절히 바랐지만, 결과는 참으로 좋지 못했습니다. 거의 부러지기 직전이어서 인공 뼈를 이식해야 한다고 했습니다. 그런데 웃음이 나올까요? 그날 밤 권사님이 잠결에 울음소리가 들려 깨었더니 장로님이 울면서 하나님께 기도하고 있더라는 이야기를 들었습니다. 웃음이 울음인 줄 다른 사람은 모릅니다. 매번 그랬을 것입니다. 혼자서 울고 다른 사람 앞에서는 웃었습니다. 그리고 조금도 흐트러짐 없이 자기 생활에 최선을 다했습니다.

높은 뜻 연합 선교회 초대 대표이신 김동호 목사님은 폐암에 4차례 항암치료 중 전립선암까지 걸렸습니다. 사람들은 자기가 특별하다고 생각하며 삽니다. 김 목사님도 처음에 "왜 나죠?" 그랬는데 "넌 왜 안돼?"라는 대답을 들었다고 했습니다. 목사님은 암 환자와 가족을 위한 CMP(Comfort My People) 집회를 인도하며 많은 암 환자와 가족들에게 용기와 위로를 주고 있습니다. 그는 CBS 김현정의 뉴스쇼에 나와서 "지난해가 전성기였다"라고 말했습니다.

전 백악관 국가 장애 위원회 위원(차관보급)을 지낸 강영우 박사는 열일곱 살 때 실명했습니다. 그는 입버릇처럼 말했다고 합니다. "어디에도(돌파구가) 없다"라는 말이 "지금 여기"로 바뀌듯이 그 어떤 절망과 역경에도 포기하지 않았습니다. 그에게 포기란 암보다 더 무서운 것이라 했습니다.

누구도 어려움을 당할 수 있습니다. 그 어려움을 어떻게 반응하느냐가 인생의 운명을 바꿀 수 있습니다. 암에 걸린 건 10%의 어쩔 수 없는 경우입니다. L 장로님은 다시 일어설 것입니다. 이제 김동호 목사님처럼, 강영우 박사님처럼, 송명희 시인처럼 포기하지 않고 가장 멋진 전성기의 90%가 되시기를 간절히 기도합니다.

(2022.6.25)

거울

 17세기 네덜란드의 유명한 화가 렘브란트 핀 레인의 초상화와 관련된 글을 읽은 적이 있습니다. 말년에 모든 부와 명성을 잃고 설상가상으로 부인과 자식마저 떠나보내고 극심한 경제적 궁핍을 겪고 있을 때 자신의 모습을 그린 최후의 자화상인 일명 '웃는 자화상' 이야기였습니다. 내 메모장에는 그 이야기를 이렇게 옮겨 놓았습니다. '손가락만 갖다 대도 금방 먼지로 바스러질 것처럼, 몸도 마음도 푸석푸석해 보이는 노파가 등마저 굽은 초라한 몰골로 헤벌쭉 웃고….' 이어서 '렘브란트는 자신의 고통을 정면으로 응시했고 자신이 아무것도 아닌 존재임을 받아들였으며 그 감정 그대로 자화상에 담았습니다.'

 오스트리아의 화가이자 시인인 오스카 코코슈카는 렘브란트의 자화상 그림을 보고 이렇게 평했다고 합니다. '추하고 부서진 소름 끼치며 절망적인, 그러나 그토록 멋지게 그려진 그림을, 보고 나는 깨달았다. 거울 속에서 사라지는 자신을 들여다볼 수 있다는 것, 스스로 아무것도 아닌 것으로 그릴 수 있다는 것, 인간임을 부정하는 것, 이 얼마나 놀라운 기적인가? 상징인가?'

화가 렘브란트의 자화상이 유명하게 한 건 바로 정직함이었습니다.

자신을 가장 정직하게 보여주는 건 거울입니다. 반듯하면 반듯한 대로, 찌그러지면 찌그러진 대로 비춰주는 게 거울입니다. 찢어지거나 구겨져도 있는 그대로 보여줍니다. 그래서 사람들은 거울을 가까이 두고 수시로 들여다봅니다. 거울은 방에도 있고 거실에도 있으며 목욕탕이나 현관에도 있습니다. 문득 어렸을 적 할머니에게 들었던 거울 이야기가 생각납니다. 거울이 아주 귀했던 시절, 과거 시험을 치른 선비가 한양 장터에 갔다가 거울을 발견하고 그걸 사서 집으로 가지고 왔다고 합니다. 아내에게 보여주자 예쁜 색시가 자기를 보고 있어 과거 보러 간 줄 알았더니 어디서 첩을 데리고 왔다며 통곡하고, 거울을 빼앗아 확인하던 시어머니는 바싹 마르고 쭈그러진 늙은 여인이 있는 걸 보고 기왕 데려오려거든 젊은 여자를 데려올 게지 라며 아들을 나무랐습니다. 그 소리를 듣던 시아버지가 거울을 들여다보다가 '아이고! 아버님!' 하며 넙죽 절했다고 합니다.

나도 책상 위에 놓인 거울을 보았습니다. 물끄러미 쳐다보니 나도 아버지가 보였습니다. 젊어서는 외탁했다고 말을 들었습니다. 그런 소리를 듣고 살아서 그런지 내 얼굴 어디에도 아버지를 닮은 구석이 없다고 생각했는데 지금 보니 영락없는 늙은 아버지 모습입니다.

거울을 보면서 얼굴에 무엇이 묻었는가, 옷매무새가 바른가 점검하고 바로 잡습니다. 명경지수(明鏡止水)란 말이 있습니다. 맑은 거울과 고요한 물처럼 잡념과 허욕이 없는 깨끗한 마음을 비유적으로 이르는 말입니다. 그러나 아무리 맑은 거울과 고요한 물이라 할지라도 비춰주는 건 오직 겉모습뿐입니다. 거울을 보면서 마음마저 비춰주는 내면의 거울은 없는가를 생각합니다. 어쩌면 좋은 책과 좋은 말씀, 명상이나 기도가 마음을 비춰주는 거울이 될 수 있지 않을까 생각해 봅니다. 그러나 그건 어디까지나 주관적이지 객관적일 수는 없습니다. 또 다른 내가 변명하고 합리화합니다. 그래서 생각합니다. 내면의 거울은 나에게 잘못을 지적해주는 사람, 나에게 쓴소리를 하는 사람이 나를 바로 볼 수 있는 거울이라고. 그런데 문제는 누가 남 듣기 싫은 소리를 하겠느냐는 겁니다. 그런 면에서 보면 아내가 가장 잘 보이는 거울이 아닐까요? 토사구팽이란 말을 유행시킨 김재순 전 국회의장은 아내가 젊어서는 곱고 얌전했는데 지금은 무섭다고 했습니다. 미스터 쓴소리로 유명한 조순형 전 국회의원도 중대한 결정을 할 때는 아내와 상의한다고 했습니다. 재야 운동가 장기표 씨는 "세상 사람들 모두 장기표가 훌륭하다 해도 집사람이 당신은 형편없어하면 완전히 황이지"라고 말했습니다. 세상 남자들 모두 비슷한 대답을 할 듯합니다. 나 역시 예외가 아닙니다. 오늘도 잔소리를 들었으니 영 자신이 없습니다. 너 자신을 알라던 소크라테스도 그의 악처 크산티페 덕분에 유명한 철학자가 되지 않았을까요? 양약은 입에 쓰다고 했습니다. 충고하는 사람이 곁에 있다는 건 복 받은 사람입니다. 그는 나를 비춰주는 가장 정직한 거울이지요. 오늘도 내면의 거울을 보며 마음 매무새를 바로 잡아 봅니다.

(2022.7.2.)

익어가는 삶

2022년 6월 19일, 미국 텍사스주 포트워스에서 폐막 된 제16회 반클라이번 콩쿠르에서 피아니스트 임윤찬군이 우승했습니다. 역대 최연소 우승자였습니다. 이 대회는 쇼팽(폴란드), 퀸 엘라자베스(벨기에), 차이콥스키(러시아)등 3대 콩쿠르와 더불어 세계 정상급 대회로 꼽히는 대회라고 합니다.

다시 한번 문화강국임을 드러내는 쾌거로 대한민국 국민의 한 사람으로서 자랑이 아닐 수 없습니다. 흔히 임윤찬 군을 피아노 천재라 불렀지만, 그는 노력의 연주자라고 합니다. 그는 대회 참가 직전에 했던 인터뷰에서 밥 먹은 시간을 빼놓고는 피아노를 친다고 했습니다. 그런 엄청난 노력이 있었기에 세계 최고의 영광을 가져온 것입니다. 그러나 오늘의 임윤찬 군이 있기까지는 또 다른 공로자가 있었습니다. 다름 아닌 그를 사사한 한국 예술 종합학교 손민수 교수입니다. 손 교수는 임윤찬에게 피아노 지도만 한 것이 아니었습니다. 독서 목록을 만들어 주었습니다. 임윤찬에게 음악뿐만 아니라 괴퇴와 쉴러 같은 문호들의 작품과 시집을 추천했다고 합니다. 나중에는 윤찬 군 스스로 윤동주와 릴케의 시를 스스로 찾아 읽었다고 했습니다. 단순한 기교와 기술이 아니라 철학적이고 사유함으로 영혼을 울리는 음악가가 되기를 원했던 것입니다. 사실 손민수 교수도 고교 시절부터 스타 연주자였다고 합니다. 그에게 위기가 찾아온 건 눈길에서 미끄러져 4년 가까이 연주를 못 하게 된 것입니다. 그때 겪었던 절망과 시련을 극복한 사연을 제자에게 들려줬다고 합니다. "삶은 아무리 최선을 다하더라도 인간의 힘으로 견뎌내기 힘든 고난이 찾아오게 마련"이라며 "멀리 내다보고 자신을 낮추어 겸손한 삶이 모든 어려움을 극복하는 길"이라고.

아시아 선수인 최초로 잉글랜드 프로축구 프리미어리그(EPL) 득점왕에 오른 손흥민 선수는 세계의 축구를 좋아하는 사람들로부터 찬사를 한 몸에 받고 있습니다. 그는 2021~2022시즌 EPL에서 페널티킥 하나 없이 23골 모두 필드골로 넣었다는 데서 더욱 그의 가치를 높이 평가하고 있습니다. 손흥민 선수는 1992년 출범한 EPL뿐만 아니라 스페인 프리메라리가, 독일 분데스리가, 프랑스 리그1, 이탈리아 세리에A를 통틀어서도 최초라 합니다. 이로써 그가 얼마나 대단한 존재인가를 알 수 있습니다. 임윤찬에게 손민수 교수가 있다면 손흥민 선수에게는 그의 아버지 손웅정 씨가 있습니다. 그는 아들에게 축구의 기술보다는 기본기를 더 가르쳤습니다. 그는 아들에게 7년간 리프팅 등 기초만 닦도록 했습니다. 그뿐만 아니라 인성도 함께 가르쳤습니다. 손흥민 선수가 득점왕이 됐을 때 어떤 기분이었느냐는 기자의 물음에 "저는 흥민이가 함부르크에서 데뷔골을 넣었을 때만큼 두려웠다. 일본의 대기업 회장님이 하신 말씀이 있다. 호황은 좋고 불황은 더 좋다. 흥민이에게 호사다마를 이야기한다. 산이 높으면 골도 깊다. 올해 풍년이 들었다고 내년에 풍년 든다는 법 없다. 흉년이 온다고 준비해야 살 수 있다. 조심성을 가지고 교만한 상황이 들지 않게 하고 있다"라고 했습니다.

반클라이번 콩쿠르 우승자 피아니스트 임윤찬과 EPL 득점왕 손흥민 선수 모두 피나는 노력으로 오늘의 자리까지 왔습니다. 그러나 그 등 뒤에서 손민수 교수나 손웅정 감독의 애정 어린 가르침이 있었습니다. 둘은 전혀 다른 분야에서 가르쳤지만, 그러나 그 가르침은 놀라우리만치 닮았습니다. 세상을 살아가는 방법을 가르쳐 준 것입니다.

일시적 성공에 취해 인생을 그르치는 사람을 많이 봅니다. 성공한 사람이 가장 빠지기 쉬운 함정은 교만입니다. 자기 자신에게나 타인을 향한 교만은 성공의 빛을 가릴 뿐만 아니라 이미 거둔 성공의 빛도 가리고 오히려 욕된 이름을 남기기도 합니다. 그래서 성경엔 교만을 가리켜 넘어짐의 앞잡이요 패망의 선봉이라고 표현하고 있습니다.

겸손한 사람은 자신의 부족함을 먼저 생각합니다. 교만한 사람은 자기 장점을 먼저 생각합니다. 그러기에 교만한 사람은 더는 발전할 수 없지만, 자기의 부족함을 먼저 생각한다면 그 부분을 채우려 더욱 노력하게 되고 더 발전할 수 있을 것입니다.

누구든지 인생길에서 크든 작든 바라는 바를 이루게 됩니다. 그때 필요한 것은, 자만하지 않고 겸손함으로 더 높은 곳을 향하여 쉼 없이 달려가는 모습. 그것이 바로 익어가는 삶이 될 것입니다.

(2022.7.9.)

밝은 세상을 향하여

신문을 펼쳐 들면 제목만 보아도 섬뜩할 때가 있습니다. 온통 세상이 어지럽고 부조리하고 죄악이 들끓는 것 같습니다. 그러나 세상은 아름답고 따뜻하고 바르게 사는 사람들이 훨씬 더 많습니다. 그들의 주장대로라면 어떻게 우리나라가 전 세계가 부러워하는 문화강국, 질서와 치안의 천국, 불과 70여 년 만에 최빈국에서 10대 경제 대국이 될 수 있겠습니까? 그런데도 연일 신문에는 가시 돋친 제목이 활개를 치고 있습니다. 어느 지인이 보내 준 글을 보면서 저절로 고개가 끄덕이며 쓴웃음이 나왔습니다. 어느 외교관이 우리나라 언론의 행태를 꼬집는 글이었습니다. 예를 들면 예수가 "죄 없는 자, 저 여인에게 돌을 던져라"라고 발언하면 한국 언론은 <예수, 매춘부 옹호 발언 파장> <잔인한 예수, 연약한 여인에게 돌 던지라고 사주>라고 쓴다고 했습니다.

요한복음 8장에 나오는 내용입니다. 유대교 지도자들은 간음하다 현장에서 들킨 여인을 예수님께 끌고 왔습니다. 율법은 간음한 여인에게는 돌로 쳐 죽이라 했습니다. 그들은 사랑과 용서를 가르치신 예수님을 함정에 빠뜨리기로 한 것입니다. 돌로 쳐 죽이라 하면 사랑과 용서는 거짓이 되고 용서하라고 하면 율법(하나님의 법)을 어기는 꼴이 되는 것입니다. 그때 예수님은 땅바닥에 무언가 쓰시며 침묵하셨습니다. 그때 그들이 재촉하자 '너희 중에 죄 없는 자가 먼저 돌로 치라'고 하셨습니다. 양심의 가책을 받은 무리가 다 물러가자 그 여인에게 다시는 같은 죄를 짓지 말라며 용서해 주셨습니다. 이것이 사실입니다. 그러나 앞뒤 다 잘라내고 위와 같은 제목으로 보도한다면 얼마나 사실을 왜곡한 것인가요? 그리고 그들은 이렇게 주장할 것입니다. 여인에게 돌을 던지라고 한 건 분명한 사실이 아니냐? 또는 여인을 정죄하지 않고 놔 준 건 분명한 사실 아니냐?

또 한 예를 들었습니다. 예수가 위선적 바리새인들에게 분개하여 "독사의 자식들아"라고 꾸짖은 데 대하여 한국 언론은 <예수, 국민들에게 X새끼 발언 파문>이라고 쓴다고 했습니다. 이런 예(例)를 14가지나 나열하여 꼬집었습니다. 같은 사건이라도 얼마든지 뒤집거나 왜곡하여 표현할 수 있는가를 생생하게 보여주는 글이었습니다.

자기 말이 자신의 세상을 만든다는 말이 있습니다. 어떻게 생각하고 표현하느냐에 따라 그의 미래는 달라집니다. 항상 긍정적이고 적극적인 마음 앞에는 희망이 놓여 있고, 매사 부정적이고 비관적인 사람 앞에는 좌절과 포기가 기다리고 있습니다.

인간의 기분은 전염성이 강합니다. 타인의 행복한 모습을 보게 되면 자신도 모르게 미소를 머금게 되고 슬픔을 보게 되면 자신도 모르게 눈물이 납니다. 긍정적 기사를 읽으면 희망이 솟고 부정적 기사를 읽으면 분노가 치솟습니다. 의도된 악의적 문장 하나가 얼마나 세상을 어둡게 하고 어지럽히는지요?

사람들에게 '+' 그려진 카드를 보여주면 수학자는 덧셈이라고 하고 산부인과 의사는 배꼽이라고 합니다. 목사는 십자가라 하고 교통순경은 사거리라 하고 간호사는 적십자라 하며 약사는 녹십자라고 대답합니다. 이들의 대답이 틀렸는가요? 아닙니다. 보는 입장이 다를 뿐입니다. 틀린 것이 아니고, 다를 뿐입니다.

"같은 비판 보도라도 새로 출범하는 정부를 진심으로 걱정해 국민들이 행복해지기를 바라는 뉴스의 톤이 있고, 아예 정부가 좌초되기를 바라는 식으로 읽히는 톤이 있다"라는 어느 방송국 노조의 성명을 보았습니다.

인생을 바꾸고 싶으면, 세 가지 버릇을 고치라는 말이 있습니다. 첫째는 부정적 생각을 하는 마음 버릇을 고치는 일이요, 둘째는 비난과 불평하는 입버릇을 고치는 일, 셋째는 찌푸린 얼굴의 몸 버릇을 고치는 일이라 했습니다. 밝은 세상을 만드는 건 우리 모두의 일입니다. 아름다운 문장을 읽다 보면 마음도 아름다워집니다. 해결책을 제시하는 따뜻한 비판, 희망과 용기를 주는 밝은 말, 밝은 글로 가득한 뉴스가 넘쳐나는 세상이 되었으면 좋겠습니다.

(2022.7.12.)

정(情)도 넘치면

모처럼 아내와 함께 외식하러 집을 나섰습니다. 가까운 식당을 찾아갔으나 이미 문을 닫은 후였습니다. 그렇게 늦은 시간도 아니건만, 찾아간 식당마다 문이 닫혀있었습니다. 요즘은 불경기라 그런지 아니면 여유가 생겨서인지는 몰라도 휴일엔 문 닫는 점포가 많아졌습니다. 걷다 보니 제법 멀리 오고 말았습니다, 문득 그 근처에 있는 손칼국수 집이 생각났습니다. 아주 오래전에 단골 삼아 자주 들렀던 칼국수 식당이었습니다. 이제는 거의 사라진, 손으로 밀가루를 반죽해서 칼로 썰어 끓여주는 손칼국수 집이었습니다. 기계로 빼는 국수와는 다르게 구수하고 어쩌면 향수를 불러일으키는 그런 맛에 자주 찾았었습니다. 연세가 많아서 고만두시지나 않았을까 했지만, 여전히 문을 열고 계셨습니다. 우리도 반가웠지만, 할머니도 무척 반가워하셨습니다. 홀에는 우리밖에 없었습니다. 할머니는 곧 칼국수를 썰기 시작했습니다. 무엇을 보았는지 아내는 할머니에게 여러 번 조금만 달라고 부탁했습니다.

할머니는 아내의 부탁과는 다르게 한 그릇 가득하게 국수를 내오셨습니다. 바지락도, 애호박도 햇감자도 푸짐하게 들어 있었습니다. 국물을 떠먹어보니 맛이 그만이었습니다. 옛날 먹던 바로 그 맛이었습니다. 그런데 먹어도 먹어도 양이 줄지 않았습니다. 처음 느낀 맛은 먹을수록 점점 사라져 버리고 부담이 되기 시작했습니다. 결국 반 정도 먹다가 남기고 말았습니다. 정성껏 만들어 주신 할머니에게 미안한 마음이 앞섰습니다. 그래도 어쩔 수 없었습니다. 아내도 다 먹지 못하고 젓가락을 놓았습니다. 식당을 나오면서 맛있게 먹었다고 말하기가 쑥스러웠습니다. 칼국수는 조금 부족한 듯, 할랑할랑하여 국물까지 들여 마셔야 제맛을 느끼는데 양이 너무 많아서 문제가 된 것입니다.

문득 과유불급(過猶不及)이란 말이 생각났습니다. 공자의 제자 가운데 자장과 자하라는 사람이 있었는데 자장은 매사 적극적이고 자하는 소심한 사람이었다고 합니다. 하루는 자공이란 제자가 묻기를 둘 중 누가 더 낫습니까? 물으니 공자는 자장은 지나치고, 자하는 모자란다고 대답했다고 합니다. 그렇다면 자장이 낫겠다고 묻자 지나친 것은, 모자란 것과 마찬가지라고 하여 이것이 과유불급(過猶不及)이란 말의 유래라고 합니다.

생각해보니 이 말은 우리의 생활 속에서 꼭 기억해야 할 말인 듯했습니다. 어느 행사장에 가서 진행자의 속도 모르고 지루하게 늘어놓는 축사라든가 오지랖 넓게 이것저것을 참견하는 사람도 피곤합니다. 과공비례(過恭非禮)란 말처럼 지나치게 겸손해도, 몸 둘 바를 모르도록 과도하게 하는 칭찬도 난처하게 합니다.

글쓰기도 마찬가지입니다. 유식한 건 좋지만, 지나치게 유식하여 가르치려 드는 글을 보면 어쩐지 위화감이 들기도 합니다. 시(詩)에서 낯설게 하기라는 기법이 있습니다. 친숙하고 일상적인 사물이나 관념을 낯설게 하여 새로운 느낌이 들도록 표현하는 예술적 기법입니다. 그런데 요즘 유행하는 시들은 읽어도 도무지 이해할 수 없는 비문과 단어 배열로 일반 독자들은 쉽게 다가가지 못하도록 합니다.

성경에도 같은 뜻의 말씀이 있습니다. "지나치게 의로운 체하지 말고 지나치게 지혜로운 체하지 말라, 그러다가 망할 필요는 없지 않은가?"(전도서 7장 16절) 지나치면 모자람만 못합니다.

칼국수 집 할머니는 배고팠던 시절 넉넉하게 푸짐하게 주고 싶은 어머니의 마음이 아직도 남아있었던 겁니다. 할머니의 마음을 알기에 다 먹지 못하고 남긴 것이 자꾸 마음에 걸렸습니다. 학창 시절 외웠던 이조년의 '다정도 병인양하여 잠

못 들어 하노라'의 시구가 떠올랐습니다. 내외가 싸운 사람처럼 묵묵히 걷다 보니 집에 거의 다 왔습니다. 아내가 불쑥 한마디 했습니다. "많이 주면 아무리 맛있어도 맛있게 먹은 것 같지 않아요." 아내도 과유불급이란 말을 생각한 걸까요? 정(情)도 넘치면 오히려 폐(弊)가 됩니다.

 음악도 지나치면 소음이 됩니다. 훌륭한 설교(說敎)도 넘치면 설교(泄敎)가 되겠지요. 스스로 돌아보며 마음 깊이 새겼습니다.

(2022.7.12.)

세월을 아껴라

덥습니다. 물론 지금이 중복을 지나고 며칠 되지 않았으니 더운 건 당연하겠지만, 참으로 덥다는 소리 밖에 나오지 않습니다. 그래서 그런지 아무것도 손에 잡히지 않습니다. 글을 쓰려 해도 생각이 떠오르지 않고 책을 읽어도 머리에 들어오지 않습니다. 억지로 몇 가지는 했지만, 하루를 허송한 게 아깝다는 생각이 듭니다. '일 중독 아닌가?' '이렇게 더울 때는 쉬어도 돼' 또 다른 내가 위로하고 변명하지만, 그래도 손에 쥔 것 없는 하루가 찜찜합니다. 문득 '오늘 내가 헛되이 보낸 시간은 어제 죽은 이가 그토록 그리던 내일'이란 말이 떠오릅니다.

얼마 전 직장 후배 한 분을 만났습니다. 그는 직장에 다니면서 배움을 시작하여 정년 후에도 학업을 계속해서 모 대학교 교수가 되었다고 했습니다. 그를 만난 후, 문득 인생의 황금기를 그냥 놓쳐버렸다는 생각이 들었습니다. 물론 직장 일에 충실했지만, 내 개인적 계발을 위해서는 아무것도 하지 않았습니다. 이제 나이가 들어가니 새록새록 흘러간 시간이 아쉽기만 합니다.

인생에서 돌이킬 수 없는 네 가지가 있다고 했습니다. 쏘아버린 화살과 내뱉은 말, 지나간 시간과 게으름의 결과라고 합니다. 시간을 활용하지 못한 지나간 세월은 갈수록 안타까워집니다. 그래도 정년 후에 나름대로 이것저것 좌충우돌 살아왔습니다. 스스로 위로하며 보람을 느끼기도 하지만, 나이가 들어가니 마음만 앞설 뿐 몸이 따라주지 않습니다. 그땐 시간이 이렇게 귀한 줄을 몰랐습니다. 정말 무한정한 시간일 줄 알았습니다. 그랬으니 세월을 그렇게 보내고 말았습니다.

인도를 최초로 통일한 아소카 왕이 남긴 죽음의 교훈을 읽은 기억이 납니다. 왕의 동생이 허랑방탕한 생활을 하던 중 하루는 국법을 어겼다고 했습니다. 왕은 동생에게 일주일 뒤에 처형하겠다며 특별히 은총을 베풀어 그 일주일 동안 온갖 부귀영화를 누리게 해주겠다고 했습니다. 동생은 '어차피 일주일 후에 죽을 몸이니 마음껏 즐기다 죽자'라고 마음먹고 첫날에는 온종일 진수성찬에 여자들과 즐기며 하루를 보냈습니다. 그런데 다음날 험상궂게 생긴 장사가 나타나 '이제 죽을 날이 엿새 남았다'라고 외치며 지나갔습니다. 다음날에도 와서 '이제 닷새 남았다' 다음날에도 이런 식으로 죽을 날을 알려 주었습니다. 마지막 날에는 죽을 때가 열두 시간 남았다고 알려 주더니 매시간 찾아와서 남은 시간을 말해주었습니다. 드디어 처형 시간이 되어 동생이 왕 앞으로 끌려왔을 때 왕이 물었습니다. '그래 일주일 동안 잘 지냈느냐?' 그러자 동생이 잔뜩 풀이 죽어 '험악한 저 사람이 시시각각 죽을 시간을 세고 있는데 무슨 재간으로 즐길 수 있어요?' 하며 대답했습니다. 그때 왕이 말하기를 '저 사람처럼 눈에 보이지는 않지만, 저승사자는 매일매일 너를 찾아와서 죽을 날짜를 셈하고 있단다'라고 했습니다. 이에 동생은 크게 깨닫고 시간의 소중함을 알아 열심히 살았다는 이야기였습니다. 우리는 드라마나 영화에서 시한부 인생을 사는 사람들의 애환을 보며 눈물을 흘리며 안타까워합니다. 그러나 따지고 보면 시한부 인생을 살지 않는 사람이 어디 있겠습니까? 모두 다 시한부 인생을 살지만, 그걸 망각하고 살뿐입니다. 남은 시간을 알려주는 생명 시계가 없는 것이 천만다행입니다.

평균 수명 나이가 가까워질수록 조바심뿐입니다. 지금만 같은 생각을 진즉 했더라면 좀 더 멋진 삶을 살았을 걸 하며 남은 생을 가늠해보기도 합니다. 늦었다고 생각할 때가 빠르다고 했으니 더 열심히 살겠다는 다짐도 합니다.

서양 사람들은 시간을 돈으로 따진다고 합니다. 그래서 시간은 금이라고도 합니다. 누구나 똑같이 하루 24시간을 주었지만, 활용하는 시간은 저마다 다릅니다. 이 세상에서 성공하려면 시간 관리를 잘해야 한다고 했습니다. 어떤 이는 인생의 성공 실패는 90%가 시간 관리에 달려있다고 말하기도 합니다.

'허송한 날은 살지 않은 날과 같다. 오늘 하루를 오르지 않으면 어찌 산을 오를 수 있으며 오늘 하루를 흐르지 않으면 어찌 바다로 내려갈 수 있겠는가?' 어느 날 새벽기도회를 마치고 집으로 돌아오다가 생각난 글을 메모해 두었던 '오늘'이란 글입니다. 게을러지는 나를 바라보며 스스로 다그칩니다. '세월을 아껴라! 세월은 결코 나를 기다려 주지 않는다.'

(2022.7.29.)

최고의 상소문

　임진왜란 당시에 충무공 이순신의 생명을 구한 약포 정탁의 상소문(伸救箚)이 보물로 지정될 것이라 합니다. 이 상소문을 선우정 조선일보 논설위원은 최고의 상소문이라 했습니다. 일본이 임진왜란을 일으킨 지 5년 만에 다시 쳐들어온 때 충무공은 출정 명령을 어겼다는 죄목으로 한양으로 압송되었습니다. 선조는 노하여 '임금을 속인 자는 반드시 죽인다'라고 했습니다. 신하들도 입을 모아 이순신을 벌하라고 주장했습니다. 그때 우의정이었던 약포 정탁이 목숨을 걸고 신구차라는 상소문을 올렸습니다. "이순신은 큰 죄를 지었지만, 성상께서는 극형을 내리지 않고 인을 베푸시려는 일념으로… 이순신을 살릴 수 있는 길을 찾아보시려고… 생명에 대한 임금의 어진 뜻이 죽을죄를 지은 자에게까지 미치니 감격을 이길 길이 없습니다." 임금의 속 좁은 뜻과 반대였습니다.

그러면서도 이순신의 작은 공로를 세워 주며 "무릇 인재는 나라의 보배이므로 주판질하는 사람까지 재주가 있으면 아껴야 하는데 장수의 재질을 가진 자를 오로지 법률에만 맡길 수 있느냐"고 호소했습니다. 이순신을 죽이면 졸장부라니 선조도 마음을 돌릴 수밖에 없었습니다. 이 상소로 인하여 충무공은 생명을 구할 수 있었으며 나라도 구할 수 있었습니다. 결과만 대단해서가 아니라 염라대왕의 마음도 바꿀 수 있는 완벽한 설득의 기술을 보여주었다고 했습니다. 이는 임금과 신하 사이의 관계에서만 적용되는 기술이 아닙니다. 지금도 여전히 설득의 기술이 필요합니다.

예나 지금이나 권력자에게 바른말을 하는 건 섶을 지고 불구덩이에 뛰어드는 것처럼 위험합니다. 왕정 시대엔 임금에게 바른말을 했다가는 죽음을 맞이하거나 파직되어 유배를 당하는 경우가 허다했습니다. 권력자 앞에서 하는 직언은 대부분 권력자의 자존심을 건드리는 경우가 많았기 때문입니다. 그래도 충신은 목숨을 걸고 간하기를 주저하지 않았습니다.

그리스의 현인 탈레스는 '자신을 아는 것이 가장 어려운 일이며, 남을 충고하는 것이 가장 쉬운 일'이라고 하였습니다. 그 이유는 자기 자신의 허물은 감춰두고 단지 타인의 잘못만 지적해주면 되기 때문입니다. 그러나 실제로 가장 어려운 것이, 충고라는 생각이 듭니다. 왜냐하면, 사람마다 무의식적으로 고집이 있고, 자존심도 있고 스스로 우월감도 있습니다.

그러기에 감동하지 않으면 절대로 자기의 주장을 꺾지 않으려 합니다.

 물론 자기보다 신분이 낮은 사람에게야 권위나 힘으로 누를 수 있겠지만, 동료나 윗분에게 하는 충고는 다릅니다. 오히려 반감을 갖게 하거나 상처를 받게 할 수도 있고 사이가 더 멀어질 수도 있습니다. 더구나 윗사람에게 드리는 충고는 불이익을 당할 염려와 때로는 위험부담도 따릅니다. 대부분 아랫사람은 상급자의 지시에 토를 달거나 반대하지 않습니다. 그것이 출세하는 길이요, 처세술이라고 생각합니다. 그러나 맹종이야말로 위험천만하기 짝이 없습니다. 옳고 그름을 가리지 않고 덮어 놓고 따르는 자세야말로 자신은 물론 모두를 죽이는 결과를 가져오기 때문입니다. 아무리 훌륭한 지도자라 해도 인간인지라 실수할 수도 있고 그릇 판단할 수도 있습니다. 모두 옳을 수는 없습니다. 그러기에 아랫사람은 자신에게 미치는 유불리를 불문하고 시시비비를 가려서 올바른 판단을 할 수 있도록 진언해야 합니다. 감동하여 생각을 바꾸게 하려면, 윗분보다 몇 배는 더 생각하고 노력해야 합니다.

 선출직 지도자일수록 선거를 의식하여 무리한 사업을 강요하기가 쉽습니다. 필자도 그런 분을 모신 적이 있습니다. 고정투자는 신중하여야 함에도 장래를 생각하지 않고 무리한 요구를 했습니다. 잠을 이루지 못하고 고민해야 했습니다. 결국 대여섯 가지 문제점을 찾아내어 무사히 넘겼습니다. "참 좋은 안이라 생각합니다." 제일 처음에 한 말입니다. 그러면서 문제들을 하나씩 꺼내며 "이런 문제가 생기는데 어떻게 할까요?"라며 의견을 구했습니다. 이렇게 대여섯 가지를 꺼내며 포기하도록 설득하였더니 결국 생각을 바꾸었습니다. 다행히 별 마찰 없이 소임을 마칠 수가 있었습니다. 약포 정탁의 상소문을 읽어보며 지난 일을 회상해 보았습니다. 간언을 하는 사람은 몇 배 더 생각하고 자존심을 상하지 않도록 주의해야 합니다. 다시금 약포의 지혜를 깊이 생각합니다.

(2022.7.28.)

지나간 역사를 잊지 말자

「그날이 오면, 그날이 오면은/ 삼각산(三角山)이 일어나 더 덩실 춤이라도 추고/ 한강 물이 뒤집혀 용솟음칠 그날이/ 이 목숨이 끊기기 전에 와 주기만 할 양이면/ 나는 밤하늘에 나는 까마귀와 같이/ 종로(鐘路)의 인경(人磬)을 머리로 들이받아 울리오리다.// 두개골은 깨어져 산산조각이 나도/ 기뻐서 죽사오매 오히려 무슨 한(恨)이 남으오리까.// 그날이 와서 오오 그날이 와서/ 육조(六曹) 앞 넓은 길을 울며 뛰며 뒹굴어도/ 그래도 넘치는 기쁨에 가슴이 미어질 듯하거든/ 드는 칼로 이 몸의 가죽이라도 벗겨서/ 커다란 북을 만들어 들쳐 매고는/ 여러분의 행렬(行列)에 앞장을 서오리다.// 우렁찬 그 소리를 한 번이라도 듣기만 하면/ 그 자리에 거꾸러져도 눈을 감겠소이다.」

　독립운동가이자 시인이요, 소설가이신 「상록수」의 작가

심훈 선생이 지은 '그날이 오면'이라는 시의 전문입니다. '그날', 그토록 염원하던 '그날'이 과연 어떤 날일까요? 바로 조국 해방의 날이요. 광복일입니다. 그 얼마나 간절하고 비장한 소망이요, 바람이었던가요?

인간을 망각의 동물이라 합니다. 아무리 아프고 쓰린 상처의 기억도 세월이 흐르면 잊혀가듯 그렇게 감격스러워했던 해방의 감격과 기쁨도 세월이 지나고 보니 점점 무뎌지는 것 같습니다. 1945년 8월 15일. 그토록 바라던 이 나라가 해방된 지 벌써 77년이나 되었습니다. 당시 출생한 아이는 벌써 80이 가까워가는 나이가 되었고 어렴풋이 짐작할 수 있었던 열두어 살 먹은 소년은 이제 90이 되었습니다. 제대로 광복의 기쁨을 느꼈던 20세의 청년들은 100세가 되어 이미 많은 분은 이 세상에 계시지 않습니다. 목숨보다 더 소중하게 여겼던 광복의 의미를 지금에 와서 되새겨 본들 당시만 하겠습니까? 그러나 분명한 사실은 지나간 역사를 절대로 잊지 말자는 것입니다.

일제 36년간의 식민지 생활은 빛을 잃고 어둠 속에서 살던 암흑시대였습니다. 그래서 빛을 다시 찾았다는 뜻에서 광복(光復)이라 했습니다. 해방의 '그날'은 말 그대로 빛을 회복한 날이었습니다. 그 빛을 얻기 위해 중국 상해에서 임시 정부를 설립하고 광복군을 조직하여 일제와 싸웠습니다. 수많은 독립운동가와 의사와 열사들이 광복을 위해 초개와 같이 목숨을 내던졌습니다. 나라 없는 백성은 뿌리 없는 풀과 같고 집

잃은 어린이와 같습니다. 세상에 나라를 잃고 망국 백성으로 산다는 것이 얼마나 슬프고 비참한 것인가를 일제 36년간을 통하여 뼈저리게 배웠습니다. 비록 연합군 승리로 얻는 해방이지만, 3.1운동 같은 독립운동으로 우리 선조들의 분명한 독립 의지가 있었기에 떳떳하게 광복을 맞을 수가 있었습니다. 1948년 8월 15일. 자랑스러운 대한민국이 건국되었습니다. 8월 15일은 광복절인 동시에 건국절입니다. 이렇게 탄생한 대한민국은 기쁨도 잠시, 민족 최대 비극 6·25 동족상잔을 맞아 남북이 분단된 채 74년이 흘렀습니다. 그렇게 굽이굽이 역사의 소용돌이를 거치면서도, 지금의 대한민국은 진흙 속에 피어난 연꽃처럼 전쟁의 폐허 속에서 세계가 부러워하는 선진국이란 찬란한 꽃을 피우고 있습니다. 누리호 발사로 우주 과학 기술 국가가 되었고, 한국형 전투기 KF-21 보라매라는 초음속 전투기를 개발한 국가가 되었습니다. 선박 건조량, 자동차 생산, 반도체 생산, 인터넷 정보화 지수 등 세계 10위 안에 드는 국가가 되었습니다. 어디 그뿐입니까? 음악, 영화, 게임 산업 등 문화 강국으로 위상을 뽐내고 있으며 세계적인 축구 선수 손흥민, 임윤찬 같은 피아니스트를 배출하는 나라가 되었습니다. 현재의 번영은 보릿고개를 이긴 근면, 자립, 자조의 새마을 운동과 미래를 향한 비전을 품고 피와 땀과 열정을 모아서 이룩한 열매입니다. 기독교인들은 이 기적의 역사를 하나님의 섭리라 믿고 있습니다. 그러나 우리가 명심해야 할 것은 지나간 역사를 잊지 말아야 한다는 것입니다. 국론 분열과 부정부패, 정쟁만 일삼는 정치인들이 득세하는 나라는 희망이 없습니다. 그런 나라는 망하고 맙니다. '수치의 역사를 잊으면 반드시 수치를 반복한다'라는 역사의 법칙이 있다고 합니다. 과거는 훌륭한 교훈입니다. 도산 안창호 선생은 "역사를 잊은 민족에게는 미래가 없다."라고 말씀하셨습니다. 자신이 주인이 되지 않으면 남이 자신의 운명을 지배한다고 했습니다. 지나간 역사의 교훈을 잊지 말아야겠습니다.

(2022.8.14.)

밥만으로는 행복을 채울 수 없다

2021년 7월 2일, 스위스 제네바에서 열린 유엔 제68차 무역개발이사회에서는 한국을 선진국 그룹에 포함한다고 선포했습니다. 6·25 전쟁의 폐허를 딛고 불과 70여 년 만에 이룬 기적의 순간이 아닐 수 없습니다. 선진국의 조건은 그리 간단하지 않습니다. 부의 기준만으로는 선진국이 될 수 없습니다. 1인당 소득수준, 산업구조, 교육과 문화 수준, 기대 수명 등 다양한 조건들이 충족되어야 합니다. 다시 말하면 물질문명과 정신문명이 균형을 이루어야만 가능한 것입니다.

미국의 심리학자 에이브러햄 매슬로(Abraham Harold Maslow)는 인간 욕구 위계이론을 발표했습니다. 그는 인간의 가장 기초적인 욕구 1단계는 생리적 욕구, 2단계는 안전의 욕구, 3단계는 소속과 사랑의 욕구, 4단계는 존중의 욕구, 마지막 5단계는 자아실현의 욕구라는 것입니다. 그러므로 인간의 궁극적 목표는 자아실현 단계이며 그 단계에 이르러서야 비로소 욕구의 만족(행복)을 채울 수 있다는 이론입니다. 이는 곧 문화 수준과 맥이 닿아 있다고 말하고 싶습니다.

물론 금강산도 식후경(食後景)이란 속담처럼, 사람이 살아가는 데 있어서 가장 급하게 해결해야 하는 문제는 먹고 사는 문제입니다. 그러나 생존 욕구는 가장 낮은 단계로, 인간뿐만 아니라 모든 동물에 해당하는 욕구입니다. 따라서 인간의 삶의 질과 행복은 경제력이나 수명에만 있지 않고 정신적 만족을 채워야만 비로소 참 행복을 느낄 수 있다는 말입니다.

문화란 바로 자아실현 단계입니다. 그러므로 선진국 조건에 문화 부분이 포함된 건 당연하다 할 것입니다. 일찍이 백범 선생은 그의 저서 백범일지에서 이렇게 천명하셨습니다.

"부력(富力)은 우리 생활을 풍족히 할만하고, 강력(强力)은 남의 침략을 막을 만하면 족하다. 오직 한없이 갖고 싶은 것이 있다면 높은 문화의 힘이다. 문화의 힘은 우리 자신을 행복하게 하고 나아가서 남에게 행복을 주기 때문이다."

백범 선생은 문화가 지니는 힘과 문화의 중요성을 강조하셨습니다. 이제 우리나라는 3만 5천 불의 국민 소득으로 먹고 살 만하게 되었습니다. 군사력도 세계 6위로 감히 어느 나라도 쉽게 넘볼 수 없는 나라가 되었습니다. 일일이 열거할 수 없을 만큼 음악, 영화, 체육, 다양한 분야에서 한류라는 이름으로 세계 문화를 선도하고 있습니다. 싸이, BTS, 소녀시대, 원더걸스 등 많은 K-팝 가수가 세계의 팝을 선도하고 있고, '기생충', '미나리' 같은 영화는 그 유명한 아카데미의 높은 벽을 정복하였습니다. 문화 콘텐츠 강국으로 '오징어 게임', '카터', 요즘 선풍적 인기를 끌고 있는 '이상한 변호사 우영우' 같은 작품들이 세계 순위에서 선전하고 있습니다. 그뿐인가요? 세계적 가수 조수미, 신영옥 등은 한국의 자랑이 되었고, 축구 선수 손흥민, 겨우 18세 약관의 나이로 임윤찬은 반 클라이번 국제 피아노 콩쿠르에서 우승하여 세계를 놀라게 했습니다. 백범 선생이 그토록 염원했던 문화 강국이 되어가는 것입니다. 한류가 전 세계에 엄청난 영향을 주고 있다고 생각할 때 백범 선생의 선견지명에 그저 놀라울 따름입니다. 하늘에서 크게 기뻐하실 듯합니다.

지금은 지자체별로 문화의 힘을 깨달아 많은 투자를 하고 있습니다. 당진을 생각하면 '심훈 문학관'이 떠오릅니다. '필경대'와 '상록학원 터'와 폐교를 이용한 '아미 미술관'이 생각납니다. 홍성하면 '김좌진 장군'과 '한용운 생가터', '이응노 화백의 집' '홍성 문학관' '홍주 천년 문학관'이 머리에 떠오릅니다. 예산하면 '의로운 형제 마을' '황새 공원', '추사 고택', '한국 토종 씨앗박물관', '한국 인장박물관', '윤봉길 의사 기념관' '한글 문자 조형연구소'등이 떠 오릅니다. 문화는 식물들이 뿌리를 내리고 있는 토양과 같다고 생각합니다. 문화라는 토양에 자아실현의 욕구를 마음껏 펼칠 수 있다면 인간이 추구하는 진정한 행복을 누릴 수 있을 것입니다. 인간 말고 어느 동물이 자아실현이란 욕구를 가질 수 있겠습니까? 그러므로 사회가 1단계, 생존의 욕구에 집착하고 만다면 천민자본주의 사회에 머물고 말 뿐입니다. 밥만으로는 행복을 채울 수 없습니다. 영국인들은 셰익스피어와 인도를 바꾸지 않는다고 했습니다. 문화의 힘을 아는 사람만이 진정한 행복을 누릴 수 있을 것입니다.

(2022.8.21.)

얼굴이 붉어지다
−진천을 다녀와서

　한국문협 서산지부 회원들과 함께 추계 문학기행으로 백두진 문학관과 조명희 문학관을 견학하기 위하여 길을 나섰습니다. 8월 끝자락 하늘은 더없이 맑았습니다. 파란 에메랄드 하늘 가엔 흰 구름이 마치 백조가 나래를 펴서 춤을 추고 있는 것처럼 환상적인 모습을 보여주고 있었습니다. 볼을 스치고 지나가는 초가을 바람은 청량하기 그지없었습니다. 두어 시간 남짓 걸려 안성에 있는 박두진 문학관에 도착하였습니다. 안성에는 편운 조병화 문학관도 있었습니다만, 아쉽게도 지나치고 말았습니다.
　필자는 '해'와 '갈보리의 노래'를 즐겨 암송할 만큼 박두진 시인과 그의 시를 좋아합니다. 박두진 시인은 독실한 그리스도인으로서 많은 신앙 시를 남겼습니다. 박두진 문학관은 경기도 안성시 보개면 북평리에 2014년에 건립계획을 수립하고 그의 탄생 100주년을 기념하여 2016년 4월에 기본설계를 마치고 2년 반 만에 완공하였습니다. 10.512㎡(315평) 부지에 옥상을 포함한 지상 3층 총면적 999.45㎡(85평) 규모로 2층 건물이며 총사업비 28억 8천만 원으로 건립되었다고 합니다. 박두진 문학관에는 그의 유족이 기증했다는 750여 점의 박두진 관련 자료를 바탕으로 그의 저서, 친필원고, 유품, 수석, 글씨와 그림 등 다양한 자료들이 전시되어 있었습니다. 이런 문학관을 둘씩이나 가지고 있는 안성시에 한없는 부러움을 뒤로하며 진천으로 향했습니다.

  고개 하나를 넘으니 충청북도 진천 땅이었습니다. 진천읍 포석길 37-14에 이르니 포석 조명희 문학관이 눈에 들어왔습니다. 이 문학관은 2011년에 기본계획을 수립하여 2014년 4월에 착공하여 이듬해인 2015년 5월에 개관하였다고 합니다. 사업비는 국비 12억 원, 도비 9억 원, 군비 9억 원 등, 총 30억 원을 들여 1,180㎡의 부지에 979.32㎡의 지하 1층, 지상 3층의 건물로 세워졌습니다. 1층은 조명희 선생의 문학세계를 보여주는 전시실로 마련됐으며, 2층은 지역 문인들이 집필 활동과 문화 교류 등을 할 수 있는 창작·문학 사랑방, 문학연수실, 학예 연구실이 있었습니다. 3층은 문학제, 학술발표회 등이 가능한 126석 규모의 세미나실을 갖추고 있습니다. 태양광에너지 시설과 옥상정원을 설치해 친환경적인 시설로 건축됐다고 합니다.

포석 조명희(趙明熙, 1894~1938)는 충북 진천군 출생으로 러시아지역의 대표적인 민족 문학 작가로서 고려인 한글문학의 아버지로 평가됩니다. 그는 민족 문학의 선구자로 1923년 우리나라 최초로 창작 희곡집 '김영일의 서'를 펴냈고 1924년 우리나라 최초의 미발표 창작시집 '봄 잔디밭 위에'를 펴냈으며 1927년 소설 '낙동강'을 발표한 근대문학의 거목이라 안내 책자에 소개하고 있습니다.

특히 눈길을 끄는 것은 문학관 앞 정원에 세워진 높이 5.7m의 조명희 동상이었습니다. 금방이라도 포효할 듯 하늘을 향해 두 팔을 벌리고 있는 역동적인 모습이었습니다. 그가 걸어온 삶과 문학을 상징한다는 해설자의 설명이었습니다. 인구 9만여 명에 불과한 진천 시내 곳곳에서 문화의 향기를 느낄 수가 있었습니다. 포석 생가터에 가보면 표지석이 세워져 있고, 조명희를 비롯한 충북 대표 작가 15인의 충북 문학관이 있고 포석 문학공원을 비롯하여 포석의 길이 있고 충북 학생 교육 문학관이 있었습니다. 그 밖에도 이상설 기념관과 진천 종 박물관이 있다고 들었습니다.

진천 농다리로 갔습니다. 진천 농다리는 진천군 문맥면 구산동리 굴티 마을 앞을 흐르는 세금천에 놓여 있는 다리를 말합니다. 애초에는 충청북도 유형문화재 제28호 진천 농교로 지정되었으나 2013년 1월 18일 문화재로 변경되었다고 합니다. 가서 보니 커다란 돌을 쌓아 만들어진 다리였습니다. 안내문을 보니 길이는 93.6m, 폭 3.6m, 교각 1.2m 정도로 28칸의 교각이었습니다. 관광 명소로서 오늘도 수많은 관광객으로 북적였습니다.

아쉬움을 뒤로하고 집으로 돌아오는 길, 차 안에서 사무국장이 S 고문에게 문학기행 소감을 묻자 이렇게 소회를 밝혔습니다.

"서산은 18만, 곧 19만 명이 되는 데도 이런 문학관 하나도 없고 이렇게 진천처럼 볼거리, 먹을거리 하나 없는 걸 생각해 보니 얼굴이 붉어집니다······."

'얼굴을 붉히는 건 어찌 S 고문뿐이겠나?'라는 생각이 들었습니다. 무엇이 삶의 질을 높이는지를 눈으로 본 하루였습니다.

(2022.9.2.)

돌아온 추석

'더도 말고 덜도 말고 늘 한가위만 같아라'라는 추석 명절에 관한 속담이 있습니다. 그만큼 추석은 우리 민족 고유 명절이자, 한해 농사를 끝내고 오곡을 수확하는 시기이므로 가장 풍성한 때입니다. 그런데 갑작스러운 코로나19의 출현으로 2년째 명절다운 명절을 보내지 못했습니다. 다행히 올해에는 막혔던 고향길이 뚫리고 예전처럼 고속도로가 막히는 상황을 TV 화면으로 보고 있자니 오히려 그 모습이 반갑기조차 합니다.

나는 아들 둘에 딸 하나를 두었습니다. 아들 둘은 모두 인근에 살고, 딸은 멀리 파리에 살고 있습니다. 마음만 먹으면 가족끼리 명절이 아니래도 언제나 함께 할 수 있지만, 지난해 추석 명절에는 아이들과 함께하지 못했습니다. 며느리가 미장원을 운영하고 있기에 방역 수칙에 따라 각자 자기 집에서 명절을 보내야만 했습니다.

큰아들 내외는 전날부터 아이들과 같이 와서 음식을 장만하였습니다. 부엌에서는 고부간 도란거리는 소리, 간간이 들리는 웃음소리가 마치 음악을 듣는 것처럼 듣기 좋았습니다. 오후에는 랍스터라는 바닷가재 잔치를 벌였습니다. 평소에는 비싼 탓에 그런 음식은 사 먹을 엄두도 못 냈습니다. 아들은 그걸 식구 수대로 사 왔습니다. 그리 넉넉한 형편도 아닌데 무리를 한 듯싶습니다. 아들은 전용 집게로 먹기 좋게 잘라 살을 발라서 둘러앉은 사람마다 접시에 올려놔 주었습니다. 아들이 언제 먹는지조차 신경 쓸 새도 없이 먹는데 정신 팔렸습니다. 가제 살에 소스를 발라 입에 넣으니 형언할 수 없는 특유의 미감(味感)이 온몸을 지배했습니다. 한 모금 마신 포도주가 더욱 맛을 돋우어 주었습니다. 비단 음식 맛 뿐은 아니었습니다. 가족과 함께 하는 기쁨과 부모를 생각하는 그 마음이 전해져와 그렇게 맛있게 느낀 것입니다.

음식은 별도의 고유한 맛을 지니고 있습니다. 그러나 사람들이 느끼는 맛은 누구와 먹느냐에 따라 하늘과 땅 사이만큼 다릅니다. 라면 한 봉지를 먹어도 사랑하는 사람과 함께 하면 꿀맛이 되고 진수성찬을 차려놔도 싫은 사람과 같이 먹는다면 소태 씹는 맛이 납니다. '행복이 이런 거로구나'라는 생각이 절로 났습니다. 그렇습니다. 행복이 따로 있는 게 아닙니다. 이 어려운 시기에 사랑하는 가족이 무사히 한자리에 함께 할 수 있다는 것. 모두 건강하게 음식을 먹을 수 있다는 것. 아들 내외의 정성 깃든 효심을 느낄 수 있다는 것. 이보다 더 큰 행복이 어디 있을까 싶었습니다. 저녁 늦게 집으로 돌아간 아들은 추석날 아침 일찍 아이들과 함께 다시 왔습니다. 둘러앉아 하나님께 예배드렸습니다. 지금까지 지내 온 건 모두 하나님의 은혜라는 찬송가 가사가 가슴을 울렸습니다. 여호와는 나의 목자시니라는 시편의 말씀도 우리 가족을 향한 말씀으로 들렸습니다. 아들 내외는 하루가 다 가도록 우리와 함께해 주었습니다. 손자 손녀와 아들 내외가 우리와 함께 하루를 보내기로 작정한 듯싶었습니다. 쇠고기도 구워 먹고 송편도 먹었습니다. 송편은 아내가 밤새도록 혼자 빚은 것입니다. 아내도 기쁜 모습입니다. 저녁 먹은 후에 돌아갔습니다. 아들을 돌려보낸 후 생각했습니다. 아들이 현명하다고. 우리가 죽은 다음에 아무리 상다리 부러지게 제상을 차려 지극정성을 다해 제사를 지낸들 그게 무슨 소용이란 말인가요? (물론, 우린 기독교 가정이니 제사를 지낼 일도 없겠지만, 예를 들자면 그렇다는 말입니다)

문득 돌아가신 부모님이 생각났습니다. 나는 아들만큼 현명하지 못했습니다. 그저 바쁜 핑계를 대고 아침 먹은 후, 도망치듯 집으로 돌아왔습니다. 이제 와 후회해도 아무 소용없습니다. 명절 하루만이라도 이렇게 최선을 다해 부모 마음을 기쁘게 한 아들이 고마웠습니다. 그들을 바라보며 아들이 아들에게 말없이 큰 교훈을 가르치고 있다는 생각도 들었습니다. 아들 내외와 손자들과 함께한 명절, 올해 최고의 추석 명절을 보냈습니다. 그러나 한편으로는 추석 명절조차 원망스러울 태풍 피해지역을 떠올리면서 죄송스러운 마음이 들었습니다. 모쪼록 용기를 잃지 마시고 힘내시기를 빕니다.

(2022.9.12.)

보이는 것, 보이지 않는 것

무주의 맹시(無注意 盲視)라는 말이 있습니다. 이는 어느 한 가지 일에 집중하면 다른 것을 인식하지 못한다는 현상을 말합니다. 이를 증명한 이들은 미국 하버드대학의 크리스토퍼 차브리스(Christopher Chabris)와 일리노이대학의 대니얼 사이먼스(Daniel Simons)입니다. 이들은 이른바 <보이지 않는 고릴라>라는 동영상으로 이를 증명하였습니다. 학생들을 두 팀으로 나누어 이리저리 움직이며 농구공을 패스하게 하고 이 장면을 촬영하여 동영상을 만들었습니다. 한 팀 학생들은 흰색 셔츠, 한 팀 학생들은 검은색 셔츠를 입게 했습니다. 동영상을 시청하는 사람들에게는 흰색 셔츠 팀의 패스 횟수를 세라고 지시했습니다. 동영상 중간에 고릴라 복장을 한 사람이 무려 9초 동안 가슴을 두드리며 지나가게 했습니다. 그런데 놀랍게도 시청하던 수천 명의 학생 절반 정도는 고릴라를 보지 못했다는 것입니다. 오히려 고릴라가 등장하지 않았다고 우기기까지 했습니다. <보이지 않는 고릴라>의 실험을 통해서 '인간은 보고 싶은 것만 본다'라는 것을 증명하였습니다.

    필자도 얼마 전에 이런 무주의 맹시를 경험하였습니다. 매주 목요일에는 모 주간 보호 센터에서 예배를 인도하고 있습니다. 필자가 섬기는 교회의 집사님 한 분에게 부탁하여 특별 찬양 순서를 넣었습니다. 예배 시간이 임박하여 문득 그 집사님이 코로나 후유증으로 고생한다는 생각이 들었습니다. 전화를 드렸으나 응답하지 않아 그대로 예배를 시작했습니다. 5분 정도 지났을 무렵 전화벨이 울렸습니다. 액정을 보니 그 집사님이었습니다. 그러나 예배 중이기 때문에 거절 신호를 보내고 그대로 예배를 진행했습니다. 집으로 돌아온 후, 그 집사님의 상태가 궁금하여 전화를 걸었습니다. 수화기 너머 들려오는 그 집사님의 음성이 싸늘했습니다. 나온 대답이 "어찌 그럴 수가 있느냐"며 실망했다고 했습니다. 무슨 일인가 싶어 물었더니 그 집사님은 예배 장소에 왔었다는 것입니다. 병원에 들려오느라 조금 늦었지만, 분명히 예배 장소에 왔었다고 합니다. 그때 필자는 설교 중이었다고 합니다. 그 집사님은 본인이 왔다는 걸 알리기 위해 어른들 옆 공간에서 여러 번 오가기를 반복했다고 하였고 심지어 자기 쪽을 보기까지 했다는 것입니다. 나는 정말 못 보았다고 했으나 어떻게 못 볼 수가 있느냐고 따졌습니다. 답답했습니다. 구차한 변명 같아서 정말 보지 못했지만, 어쨌든 미안하게 되었노라며 사죄했습니다. 보지 못한 잘못은 전적으로 내게 있기 때문입니다. 그 집사님은 "못 보셨다면 그런 줄 알아야지요."라는 말에서 내가 거짓말을 하고 있다는 듯한 느낌을 받았습니다. 사실 설교 중에는 듣고 있는 어르신들에게만 집중합니다. 누가 어디에서 무엇을 하건 관심이 없습니다. 요양보호사들이 왔다 갔다 해도 신경을 쓰지 않으니 당연히 그 집사님도 눈에 들어올 리가 없었지요.

인간은 불완전한 존재입니다. 있는 것을 보는 것이 아니라 보고 싶은 것만 보는 것입니다. 보이는 것을 믿는 것이 아니라 믿고 있는 것을 보는 것입니다. 어찌 시각뿐이겠습니까? 청각도 마찬가지입니다. 듣고 싶은 것만 듣는 것입니다. 그럼에도 불구하고 자기를 맹신하고 있습니다. 자기가 본 것, 자기가 들은 것이 확실하다고 단정합니다.

요즘 정치권에서 논란이 되는 윤 대통령의 방미 중 발언도 마찬가지라고 생각합니다. 같은 사실을 놓고 여(與)와 야(野)가 전혀 다른 주장을 합니다. 이는 바로 자기들이 듣고 싶은 대로 들었기 때문입니다. 사실이 전제되지 않는 기사는 기사가 아닙니다. 그러므로 불확실한 논란거리 기사는 사회적 혼란만 불러올 뿐입니다.

시간이 걸리더라도 정확한 판단을 하는 것이 중요합니다.

무주의 맹시를 인정해야 합니다. 내가 본 것, 내가 들은 것이 틀릴 수 있다는 마음을 가져야 합니다. 성경에는 이를 경계하여 좌로나 우로나 치우치지 말라고 하셨습니다. 내가 가지고 있는 생각이 편견과 아집과 맹신일지도 모른다는 걸 인정할 줄 알아야 합니다. 있는 것을 보는 것이 아니라 보고 싶은 것만 보는 눈, 들리는 대로 듣는 것이 아니라 듣고 싶은 것만 듣는 귀가 있는 한 사회적 갈등은 쉽게 사라지지 않을 것입니다. 쇠락의 길을 가게 될 뿐입니다. 그러나 보이지 않는 것을 보려 하고, 들리지 않는 것을 들으려고 한다면 훨씬 더 건강하고 평화로운 사회가 될 것입니다.

(2022.9.25.)

제 3부

꿈이 없는 시대,
꿈을 잃어버린 시대

아직도 꿈이 있습니까?

얼마 전 민태원 기념사업회(회장 김가연)에서 주최한 우보 민태원 학술제에 참석했습니다. 우보 민태원은 우리나라 근대 언론의 초창기에 활약한 대표적 언론이었지만, 그에 대한 연구물이나 남겨진 자료들이 많지 않습니다. 서산이 낳은 위대한 문인 중 한 분이지만. 선생이 음암면 출생이라는 것과 교과서에 나오는 「청춘 예찬」의 저자라는 것 말고는 고향에서도 그다지 알려지지 않은 문인입니다. 이제 그를 기리는 기념사업회가 발족하여 그분의 생애와 그의 작품을 조명하여 서산을 빛낸 위대한 문인으로 널리 알리는 계기가 되어 참으로 다행한 일이 아닐 수 없습니다. 지난해에는 「우보 민태원, 청춘을 노래하다」라는 산문. 자료집을 내어 선생을 기렸거니와, 올해에는 그 두 번째 사업으로 우보 민태원 학술제를 개최하였습니다. 연구 발표자는 한국 기술문화연구소 박덕규 소장님을 비롯하여 최수웅 단국대학교 문예창작과 교수와 나소정 문학 평론가 등이었습니다. 모두 충실한 연구로 그동안 베일에 가려졌던 우보의 진면목(眞面目)이 어느 정도 드러나는 계기가 되었습니다.

'우보 민태원'하면 제일 먼저 떠오르는 것은, 그의 수필 '청춘 예찬'일 것입니다. 이 청춘 예찬은 언제 읽어도 가슴 벅차오르고 젊은 날 느꼈던 열정을 불러일으킵니다. 우보 민태원 선생은 청춘은 듣기만 해도 가슴이 설렌다는 말이라고 했습니다. 청춘은 인간의 동산에 사랑의 풀이 돋고 이상의 꽃이 핀다고 했습니다. 희망의 놀이 뜨고 열락(悅樂)의 새가 운다고 했습니다. 그렇다면 청춘을 꼭 나이로만 가둬둘 수 있겠습니까? 사무엘 울만은 청춘이라는 시에서 인생의 어떤 한 시기가 아니라 마음가짐을 뜻한다고 했습니다. 청춘이란 두려움을 물리치는 용기, 안이함을 뿌리치는 모험심, 탁월한 정신력을 뜻한다며, 때로는 스무 살 청년보다 예순 살 노인이 더 청춘일 수 있다고 했습니다. 머리를 높이 들고 희망의 물결을 붙잡는 한 그대는 여든 살이라도 늘 푸른 청춘이라고 했습니다. 거기에 생각이 미치자 나에게 물었습니다. 아직도 이상이 있는가? 꿈이 있는가? 풍부한 상상력과 감수성이 있는가? 용기가 있는가? 있었습니다. 아직도 내 안에는 꿈틀대는 꿈이 있고 이상이 있고 비전이 있었습니다. 그렇다면 청춘이 아니겠습니까? 갑자기 확인받고 싶었습니다. '당신은 아직도 청춘입니다'라는 말을 듣고 싶었습니다. 학술제를 마치고 난 후, 저녁 식사하는 자리에서 큰소리로 물었습니다. "제가 청춘입니까?" 여든이 가까운 나이에 주책없는 생뚱맞은 질문에 모두 웃었습니다. 그때 박덕규 소장이 대답해주었습니다. "묻는 사람은 청춘이 아닙니다." 그렇습니다. 우문현답이라고 생각했습니다. 남이 인정한다고 해서 청춘이 아닙니다. 청춘은 나이가 아니라 마음입니다. 내 안에 이상이 있고 꿈이 있고 뜨거움이 살아있다면 누가 뭐래도 청춘입니다. 이상과 꿈과 용기와 열정이 있다면 청춘입니다.

우보 민태원 선생은 힘차게 고동치는 거선(巨船)의 기관과 같은 청춘을 예찬하여 나라를 잃고 절망의 늪에 빠진 이 땅의 청년들에게 이상을 심어 주었습니다. 청춘들에게 힘차게 노래하며 힘차게 약동하라고 했습니다. 그리하여 실의에 빠져 있던 당시의 청춘들을 일깨워 주었습니다.

누군가 청춘 예찬론은 이제 끝났다고 말하는 사람도 있습니다. 경기 침체, 양극화로 20~30대 기초생활수급자가 가파르게 늘어난다는 보도도 있습니다. 코로나19가 할퀴고 간 상처는 전 세계를 신음의 구덩이에 몰아넣었습니다. 고물가, 고환율, 고금리가 우리를 짓누르고 있습니다.

그러나 생각해보십시오. 조국의 광복을 꿈꾸며 일제 강점기를 견뎌냈습니다. 전쟁의 폐허를 딛고 보릿고개를 넘겼습니다. IMF 구제 금융의 고난을 이겨냈습니다. 우리 민족은 꿈을 이루는 민족입니다.

  일제 강점기에 아무 소망도 꿈도 없는 조선의 젊은이들에게 청춘을 노래한 우보 민태원 선생. 인생 황혼기의 나이로 청춘의 시를 쓴 사무엘 울만. 애굽에 노예로 팔려 가던 요셉. 결코, 포기하지 않는 이상과 꿈이 있어 그들은 청춘이었습니다.

  그대여! 아직도 꿈이 있습니까? 꿈이 있는 한 그대는 틀림없이 청춘입니다. 두 주먹 불끈 쥐고 소리 높여 청춘을 예찬합시다. 청춘 만세!

(2022.10.9.)

책 덮은 나라, 이래도 될까?

 가을입니다. 하늘을 올려다보았습니다. 물감을 풀어 놓은 듯한 파란 하늘은 저 멀리 올라가 있습니다. 감나무에는 주렁주렁 홍등을 매달아 가을을 밝히고 있고, 들녘엔 온통 황금색 벼 이삭이 수확의 날을 기다리고 있습니다. 하늘과 들녘을 보면 '천고마비'란 말이 결코 헛말이 아님을 실감하게 됩니다.
 '가을' 하면 떠오르는 말이 또 하나 있습니다. '가을은 독서의 계절'이란 말입니다. 그러나 이 말은, 마치 철 지난 유행 옷처럼 시대에 어울리지 않는 말처럼 들립니다. 안타깝지만, 지금은 책 덮은 대한민국이 되었기 때문입니다.
 며칠 전 J 신문의 문가영 기자가 쓴 '종이책 접었다. 성인 절반 1년간 한 권도 안 읽어'란 기사를 읽으며 "이래도 될까?"라는 무거운 마음이 가슴을 짓눌렀습니다. 지난 9일 통계청에 따르면 20대 연평균 독서량은 2011년 18.8권에서 지난해 8.8권으로 10년 새 절반 이하로 급격히 감소했다고 합니다. 더구나 10대는 연평균 독서량이 22.2권에서 13.1권으로 20대에 이어 전 연령 중 두 번째로 큰 감소 폭을 보였다고 하니 정말 '이래도 될까?'라는 생각이 들었습니다. 책 덮은 대한민국은 지난해 교과서나 참고서를 제외한 일반 도서를 한 권 이상 읽은 성인의 비율은 46.9 퍼센트에 그쳤다고 합니다. 1년 동안 책을 한 권도 안 읽은 사람이 전체 성인의 절반이 넘는 셈입니다. 2011년 1년에 책을 한 권 이상 읽은 독서인구가 10명 중 7명 이상이었던 걸 보면 얼마나 책을 읽지 않는 시대가 되었는지를 웅변으로 말해주고 있습니다. 어찌 책뿐이겠습니까? 종이 신문도 처지는 마찬가지입니다. 2011년 신문을 정기구독하는 가구는 전체의 15.7 퍼센트였으나 2019년에는 2.1 퍼센트로 쪼그라들었습니다.

이는 모두 스마트 폰이 대신하고 있습니다. 스마트 폰을 통해 뉴스 기사를 접하는 인구는 크게 늘었습니다. 지난해 스마트 폰을 통해 뉴스 기사를 소비하는 인구 비율은 92.6 퍼센트에 달했습니다. PC를 통해 뉴스를 접하는 인구의 4.7 퍼센트를 합치면 국민 절대다수가 온라인에서 뉴스를 보는 셈입니다. 미디어 전문가들은 온라인에서만 정보를 얻으면 각자 입맛에 맞는 정보만 받아들이는 '확증편향'이 강화되어 사회 통합을 이룰 수 없다고 염려합니다. 건강한 민주주의를 해칠 우려가 있다고 합니다. 책을 읽지 않는 대한민국. 책 덮은 대한민

국. '이래도 되는 걸까요?'

  필자도 얼마나 책이 인기 없는가를 실감하는 경험을 했습니다. 지난 10월 7일부터 사흘간 제19회 해미읍성 축제가 있었습니다. 코로나19로 막혔던 대회가 3년 만에 열린 축제였습니다. 굶주렸던 나들이 욕구를 단번에 채우려는 듯 사람들이 몰려들었습니다. 넓은 성안 가득 찬 관광객들은 각자 호기심 있는 곳에 몰려다녔습니다. 부스마다 사람들로 북새통을 이루고 있었습니다. 그러나 단 한 곳, 한국문인협회 서산지부 부스만은 예외였습니다. 파장처럼 한산했습니다. 그곳에는 지역 문인들이 쓴 문집과 회원들이 출간한 책을 무료로 배포하거나 판매하고 있었습니다. 지나가는 사람들을 향하여 사무국장은 "필요하시면 가져가십시오. 그냥 드립니다"라고 사정하듯 권했습니다. 그 소리에 발길을 돌려 더러는 가져갔지만, 10,000원이라 가격표를 붙인 코너에는 눈길조차 주지 않았습니다. 공짜로 드린다는 말에 어느 부인이 하는 말 "집에 있는 책도 다 못 보는데 가져다가 뭐해요?" 이 말이 왼 종일 귀에서 떠나지 않았습니다. 판매하는 책은 해미읍성을 소재로 쓴 김가연 시인의 디카 시집과 필자가 쓴 신앙시집이었습니다. 장소가 해미읍성이니 이 책 한 권만 있으면 해미읍성을 다녀간 좋은 기념품이 될 터인데…, 교황이 다녀간 성지인데 신앙시집 한 권쯤 가져가도 좋을 텐데…. 그건 필자의 좁은 생각이었습니다. '지금이 어느 시댄데…'

한 권의 책이 세상을 변하게 하고 사람을 바꾸게 한다는데 도무지 읽지 않는 책이 무슨 수로 세상을 변하게 하고 사람을 바꿀 수 있겠습니까? 일일부독서 구중생형극(一日不讀書 口中生荊棘). 안중근 의사가 오늘을 보신다면 뭐라 하실지요.

그래도 여덟 권을 팔았습니다. 얼마나 다행한 일인가요? 딱 한 사람이라도 내가 쓴 글로 인해 삶을 바꿨다면, 딱 한 사람이라도 내가 쓴 글에 밑줄 그으며 감동할 수 있다면, 아니, 한 사람의 독자가 있다면 그를 위해 기꺼이 글을 쓰겠습니다. 판도라 상자의 맨 밑에는 날아가지 못한 작은 것이 꿈틀거리고 있었습니다. 그것은 희망이었습니다.

(2022.10.4.)

바른말이 옳은 말일까?

옛날 시집살이하는 며느리에게 어른들은 바른말이 앙살이란 말을 들려주었습니다. 바른말을 하여 시어머니 비위를 건드리지 말라는 뜻일 듯싶습니다. 진실을 말하더라도 그 진실이 불편한 진실일 수가 있습니다. B.C. 1000년경 이스라엘 왕 다윗은 빼앗겼던 법궤를 다윗성에 옮기면서 숙원을 이루게 된 것이 너무 기쁜 나머지 감격에 겨워 왕의 체면도 잊은 채 에봇만 입고 빙글빙글 춤을 추었습니다. 왕의 그런 모습을 창가에서 내려다보면서 왕비 미갈은 왕이 체통을 떨어뜨리고 있다고 속으로 멸시했습니다. 기분 좋게 집으로 돌아온 다윗 왕에게 왕비 미갈이 한마디 했습니다. "신하의 아내들이 보는 앞에서 부끄러운 줄도 모르고 몸을 드러내는 바보 같았어요."

그 말을 들은 다윗은 몹시 마음이 상했습니다. 그는 죽는 날까지 미갈 왕비의 곁에 가지 않았습니다. 왜 그랬을까요? 상황의 인식 차이 때문이었습니다. 미갈은 사람을 보았고 다윗은 하나님을 보았습니다.

미갈이 한 말은 틀린 말이 아닙니다. 왕은 어떤 상황 속에서도 백성 앞에서는 신중하고 위엄이 있어야 합니다. 그러나 그녀의 바른말은 옳은 말이 아니었습니다.

여성학자이며 정신건강의학과 의사인 정혜선 박사의 책 「당신이 옳다」에서 "나는 욕설에 찔려 넘어진 사람보다 바른말에 찔려 쓰러진 사람을 과장해서 한 만 배쯤은 더 많이 봤다"라고 했습니다. 우리의 곁에서 누군가가 어려움을 겪고 있을 때 위로한다는 바른말이 때로는 독이 되어 평생 돌이킬 수 없는 가시가 됩니다. 상대에게 충고하거나 잘못을 지적하면 그 말이 바른 말이라 해도 단언컨대 위로가 되지 못합니다. 이는 전적으로 공감이 부족하기 때문입니다. 어려움을 당한 사람에게 필요한 건 자신의 이야기에 귀를 기울여 주는 일입니다. 말하고자 하는 말보다 상대가 당하고 있는 아픔과 고통을 들어주는 것, 상대가 진심으로 털어놓고 하고 싶은 말을 들어주는 것이, 바로 공감의 첫걸음이요 소통의 길입니다. 이는 비단 슬플 때 아플 때만 해당하는 건 아닙니다. 기쁠 때 즐거울 때도 똑같이 적용됩니다. 언젠가 지방 신문에 나에 관한 기사가 사진과 함께 실린 적이 있었습니다. 그때 주위에 있던 아내에게 자랑하고 싶은 마음이 들어 '내 얼굴 잘 나왔네" 하며 신문을 들이밀었습니다. 그때 무언가 하고 있던 아내는 "맨날 보는 얼굴 뭐하러 보라 그래?" 신문을 밀쳐내는 것이었습니다. 그 이후로 난 아내에게 어떤 자랑도 하지 않았습니다. 춤을 추고 돌아오는 다윗왕에게 "대왕님이 기뻐하시는 걸 보니 이 왕비도 한없이 기뻐요" 했더라면, 아내가 "어디 봐요, 참 잘 나왔네요"라고 빈말이라도 했더라면 얼마나 좋았을까요? 생각해보면 아내 말이 틀린 말이 아닙니다. 바른말임에도 나에겐 바른말로 들리지 않았습니다. 바른말이 꼭 옳은 말은 아니었습니다.

상대방에 관심과 애정이 있다 해도 충고는 상대의 자존심을 건드리기 쉬우므로 어느 때보다 세심한 배려가 필요합니다. 이퇴계 선생에게 제자가 묻기를 "형제 사이에 잘못이 있으면 서로 말해주어야 하지 않습니까?"라고 물었을 때 퇴계 선생은 이렇게 대답했다고 합니다. "우선 나의 성의를 다해 상대방이 감동하게 하여라. 그런 후에라야 비로소 서로 간의 의리를 해치지 않을 것이다. 성의 없이 대뜸 나무라기만 한다면 사이가 소원해진다."

바른말이 꼭 옳은 말은 아닙니다. 충고가 아무리 상대를 위한 것이라지만, 충고가 잘못하면 고충이 됩니다.

양약은 입에 쓰다는 말처럼 아무리 바른 말이라 할지라도 귀에 거슬립니다. 꿀도 약이라면 쓰다는 속담처럼 자기에게 이롭고 도움이 되는 말이라도 충고와 지적은 듣기 싫어합니다.

철학자 비트겐슈타인은 '내 언어 능력의 한계가 곧 내 세계의 한계다'라고 했습니다. 말은 말하는 사람의 세계와 생각을 나타냅니다. 상대를 배려하지 않는 말은 때로 자기주장과 자기 세계를 상대에게 강요하는 결과를 가져올 수 있습니다. 인간은 이성보다는 감성에 약합니다. 옳은 말보다는 오히려 배려의 말이 더 나은 이유가 여기에 있습니다. 가까운 사람에게 바른말을 해주는 것도 중요하나 그보다 더 중요한 건 따뜻하게 안아주는 일입니다.

(2022.11.12.)

진주라 천 리길

　바라는 건 이루어진다고 했던가? 참으로 오랜 세월을 마음속으로 그리워했던 진주를 드디어 다녀왔다. 문학관 상주 작가의 전국 워크숍이 남해에서 있었다. 일정상 서산에서 남해까지는 당일 시간표에 맞출 수가 없었다. 그렇게 그리던 진주에서 1박을 작정하고 길을 나섰다.
　내가 진주를 그렇게 사모했던 이유는 두 가지 때문이었다. 첫 번째로 내가 열여섯 살 무렵 하모니카를 배웠다. 그때 하모니카 교본에 가요의 첫 곡은 '오빠 생각'이었고 유행가로 '진주라 천 리길'이라는 곡이었다. 당시에는 진주가 어디에 있는지조차 몰랐다. '천 리길'이라 했는데 어디서부터 천 리길인지, 왜 그곳에서 후회하고 있는지는 모르지만, 아무튼 쓸쓸하고 애잔한 느낌이 들어 이 노래를 하모니카로 즐겨 불렀다. 그때부터 진주는 마치 전생의 고향처럼 그리워하게 되었다.

또 하나의 이유는 '거룩한 분노는 종교보다도 깊고 불붙는 정렬은 사랑보다도 강하다'로 시작되는 변영로 시인의 '논개'라는 시 때문이었다. 임진왜란 당시 의로운 기녀 논개가 촉석루에서 연회가 있을 때 촉석루 바위에서 왜장의 목을 끌어안고 남강물에 빠져 죽었다는 글을 읽고 논개처럼 촉석루에 한번 서서 강낭콩보다도 더 푸른 물결을 바라보고 싶었고, 양귀비꽃보다 더 붉은 마음이 흐르는 남강을 보고 싶었다. 그렇게 진주는 나의 사모향(思慕鄕)이었다. 그러나 산다는 게 그리 뜻대로는 되지 않았다. 내가 사는 이곳 서산에서 진주에 간다는 건 그리 쉽지 않았다. 방향이 목포도 아니고 부산도 아니어서 가지 못하고 마음만으로 그리워했었는데 드디어 소원을 이루게 된 것이다.

진주에는 공무원 문학회에서 만난 평소 나를 아껴주는 김기원 교수님이 계시다. 그는 유명한 녹차 시인이며 철학박사요 또한 과기대 명예교수다. 평소 형님으로 부른다. 며칠 전 전화를 드려 진주행을 말씀드렸다. "꼭 오레이" 하며 반겨주었다.

설레는 마음으로 집을 나섰다. 차를 가지고는 그 먼 먼 길을 운전할 자신이 없어 버스를 이용하기로 했다. 서산에서 10시에 출발하여 대전에 도착하니 12시 정각이었다. 진주행 버스는 오후 2시 출발 편이 있었다. 대합실에서 간단히 점심을 먹은 후 김 교수님께 전화를 드렸더니 중요한 회의가 있어 늦은 시간이나 만남이 가능하다고 했다.

　진주행 버스에 오르니 옆에 젊은이가 앉아 있다. 바로 진주에 사는 대학생이었다. 학생으로부터 진주에 관한 많은 정보를 얻을 수 있었다. 시내와 역전과는 많이 떨어져 있으며 진주성은 바로 시외버스 터미널 근처라는 것도 알았다. 그리고 지금이 한창 진주 남강 유등축제 기간이라는 것도 알았다. 속으로 쾌재를 불렀다. 이런 호사가 어디 있나? 마치 하나님께서 이런 선물을 예비해 두신 듯했다. 거처를 시외버스 터미널 근처에 잡기로 했다.

　진주 시외버스 터미널에서 내렸다. 터미널 뒤편으로 가니 바로 남강이었다. 근처에 모텔이 즐비하게 들어서 있다. 새로 단장했다는 S 모텔에 짐을 풀고 쉴 새도 없이 밖으로 나왔다. 오후 5시가 채 되지 않았는데도 해가 서쪽에 기울기 시작했다. 왁자지껄 확성기 소리가 들렸다. 속으로 "제대로 왔다!"라고 외쳤다. 도로를 건너니 그렇게 노래했던 남강이었다. 강낭콩보다도 더 푸른 남강이었다. 찰랑찰랑 남강 물이 넘실거렸다. 강변에는 천막으로 뒤덮여 있다. 책상에 놓인 안내 책자를 집어 들었다. 진주 남강 유등축제 안내서였다. 축제 기간은 10월 10일부터 10월 31일까지 무려 22일 동안이나 펼쳐지는 장기간의 축제였다. 그동안 코로나19로 인해 중단되었던 축제가 3년 만에 열렸다는 것이다. 이런 축제를 볼 수 있는 기회를 주신 하나님께 감사 기도를 드렸다. 첫 장을 펴니 '역사의 강, 평화를 담다'라는 축제의 슬로건 아래 진주 유등의 유래가 적혀있다.

 '진주 남강에 등(燈)을 띄우는 유등(流燈) 행사는 임진왜란 3대 대첩의 하나인 진주대첩에 기원을 두고 있다. 임진년(1592) 10월, 진주 목사 김시민 장군을 비롯한 3,800여 명의 수성군(守城軍)과 진주성을 침공한 2만여 명의 왜군이 벌인 제1차 진주성 전투는 무려 10일간 이어졌다. 치열한 공방이 오가는 가운데 진주성 수성군이 칠흑같이 어두운 밤에 남강에 유등(流燈)을 띄워, 남강을 건너려는 왜군을 저지하는 군사 전술로, 한편으로는 성 밖의 가족들에게 안부를 전하는 통신수단으로 사용했다. 계사년(1593) 6월, 제2차 진주성 전투에서는 오로지 구국의 일념으로 왜군과 항전한 7만 명의 민·관·군이 순국하면서 진주성은 임진왜란 국난극복의 현장이 된다. 후일, 진주사람들은 임진·계사년(壬辰癸巳年) 국난극복에 몸을 바친 순국선열들의 넋을 위로하기 위해 남강에 유등을 띄웠고 이 전통이 면면히 이어져 대한민국 글로벌 축제인 진주남강유등축제로 자리 잡았다.'라고 축제를 설명해 주었다. 축제의 성격을 알고 나니 그저 즐기는 시간이 아니라, 호국보훈의 정신을 이어 간다는 숭고한 뜻에 숙연함을 느꼈다. 책자를 읽으며 걷다 보니 진주성 촉성문 앞에 도달했다. 매표소가 보여 그 앞에 갔더니 축제 기간은 무료입장이라 씌어 있다. 막 입장하려는 데 뜻밖에 김기원 교수님을 만났다. 이 또한 무슨 인연이란 말인가? 일이 있다는 소식을 들었던 터라 부담을 주기 싫어, 도착해서도 연락하지 않았다. 그런데 이렇게 만나다니 우연치고는 참으로 공교한 인연이었다. 갑작스러운 조우에 서로 놀랍고 반가워했으나 함께 할 수는 없었다. 방금 회의를 마치고 나온 일행들은 임진왜란 당시 의병들의 후손들이라고 했다. 그들은 임진왜란 당시 선조들의 숭고한 뜻을 기리자는 뜻으로 430년 만에 올해 처음으로 만남의 자리를 가졌다고 했다. 그들은 조상의 숭고한 뜻을 기려 그에 못지않은 후손들이 되기를 다짐했으리라. 그들과 함께 식사하러 가는 중이었다. 함께하지 못해 아쉽다는 그를 재촉해서 보내드렸다. 나 역시 자유롭게 관람할 수 있어서 오히려 잘 되었다 싶었다.

어느새 어둠이 몰려왔다. 갑자기 형형색색의 불빛이 어둠 사이로 빛을 내었다. 온갖 유등은 있는 곳에서 각기 제 모습을 드러내어 자랑하고 있었다. 황금색 진주교(晋州橋)는 환상적인 모습으로 강물 위에 떠 있고, 남강물에는 온갖 모습의 유등들이 떠 있어 필설로 표현하기 어려울 만큼 아름다웠다. 밤(夜)만이 누릴 수 있는 호사였다. 그런가 하면 성안에서는 옛날 풍속을 풍자한 유등들이 많이 보였다. 갓을 파는 모습, 장기 두는 모습, 풍물 치는 모습, 그리고 야외 공연장에는 진주성 전투의 장면을 묘사하는 유등들이 서 있었다. 당시의 장면을 생생하게 재현하여 역사적 교훈을 주고 있었다. 두 가운데 부교가 놓여있었다. 통행료는 일반인에게는 편도 2,000원

종일 이용 5,000원이었으나 경로우대를 받아 1,000원을 주고 부교를 건너가 보았다. 강물 위에 떠 있는 온갖 유등을 더 가까이에서 볼 수 있어 좋았다. 건너편에는, 4만여 개의 소망등(所望燈)이 저마다 간절한 사연을 품은 채 매달아 강변을 빨간색 수놓고 있었다. 보이는 대로 스마트폰에 담았다. 다시 건너와 박물관 앞까지 왔다가 돌아왔다. 벌써 자정이 가까웠다. 더는 걸을 수 없을 만큼 다리가 풀렸다. 지친 몸이었으나 행복한 마음으로 숙소에 돌아와 곧 잠이 들었다.

평소대로 새벽 5시에 눈이 떠졌다. 밖으로 나왔다. 채 어둠이 가시지 않은 남강물엔 모든 불빛이 사라진 채 홀로 찰싹거리고 있었다. 다소 싸늘한 아침 공기를 헤치고 진주교를 건너 강변을 따라 걸었다. 휘황찬란했던 불빛이 사라진 남강물은, 어제의 떠들썩했던 분위기와는 전혀 다른 모습으로 조용하고 무심히 흘러가고 있었다. 물 위에 떠 있는 맨몸의 유등들이 조금은 을씨년스럽게 보였다. 걸어가다 천수교에서 건너와 서문을 통과해 서장대에 올랐다. 벌써 어둠은 사라지고 아침 해가 붉게 떠오르고 있었다. 남강의 전경이 한눈에 보였다. 갑자기 옛날에 불렀던 '진주라 천 리길,'이란 노래가 생각났다. 생각해보니 서산에서 진주까지 버스 길로 316Km이니 도보로 친다면 바로 '천 리길'이다. 메모지를 꺼내어 '진주라 천 리길'의 노래를 개사해 보았다.

진주라 천 리 길을 내 이제 왔던고
서창대에 부는 바람 나무 기둥을 얼싸안고
아~ 불원천리 찾아온 객 쓰다듬어 주누나

진주라 천 리 길을 내 이제 왔던고
서창대에 홀로 서서 남빛 물결 바라보니
아~ 불러보는 옛노래가 새록새록 정겹구나

 혼자 서창대에서 흥얼거리다 내려와 호국사를 거쳐 창열사 뒷길로 돌아 성벽을 따라 걷다가 진주박물관 마당 옆으로 내려왔다. 공북문 뒷모습을 사진에 담고 촉 성문으로 오는데 전화가 왔다. 김기원 교수였다. 해장국이나 먹자고 하였다. 진주교 앞에서 약속장소를 잡고 내려왔더니 하얀 모자를 쓴 김 교수님이 나를 기다리고 있었다. 김 교수님은 아침 저잣거리로 데리고 갔다. 길가엔 온갖 농산물들이 나와 있었다. 바로 삶의 현장이었다. 대개 값은 5천 원이었다. 서산에서는 족히 만 원은 될 터인데 감 한 보따리도 역시 5천 원이었다. 9시만 되면 감쪽같이 사라진다고 했다. 말 그대로 아침 마당인 셈이다. 돌고 돌아 해장국집에 도착했다. 많은 사람이 테이블에 앉아 있다. 주인은 교수님을 잘 알고 있는 듯, 한 자리를 마련해 주었다. 가격도 좋고 맛도 좋았다. 식사 중에도 교수님에게 연신 전화가 왔다. 역시 바쁜 분이었다. 헤어지면서 쓰고 왔던 모자를 벗어주었다. 하얀 천의 여름 모자였다. 다소 내겐 컸으나 기념으로 주기에 그냥 받아 챙겼다. 그와 후일을 약속하고 아쉽게 헤어진 후 박물관으로 향했다.

국립진주 박물관에는 임진왜란 실과 역사문화홀 그리고 두암 실로 되어있다. 임진왜란 실에는 조선과 명이 일본의 침략에 맞서 싸울 당시의 무기와 각종 역사 기록들이 전시되어 있었다. 역사 문화실에는 경남 지역에서 출토된 토기와 항아리 등의 문화유산들이 전시되어 있고 두암 실에는 경남 사천 출신의 재일교포 두암 김용두(1922~2003) 선생이 일본에서 수집한 은입사 담배합, 금은으로 장식한 청동 향로, 업경대 등 문화유산들이 전시되어 있었다.

갑자기 내 고장 서산에도 하루속히 박물관이 세워져야 한다는 생각이 절절했다. 세월이 갈수록 문화유산을 수집하기가 어려워진다. 내가 어렸을 적 보았던 그렇게 흔했던 생활 도구 같은 것도 지금은 민속 박물관에서나 볼 수 있을 만큼 희귀하다. 코흘리개 시절, 제기를 만들어 놀던 그 종이책들이 어쩌면 귀중한 자료였을지도 모른다는 생각도 해 보았다. 다시 한 바퀴 진주 성벽을 돌다가 남강 변을 따라 걸으며 진주와 작별의 인사를 남겼다.

남강이여! 촉석루여! 잘 있거라.

(2022.11.6.)

바르지 못하면

　신문을 읽고 일어나는데 허리가 시큰했습니다. 느낌이 좋지 않아 좌우로 허리를 돌려보고 두드려도 보았습니다. 그러나 점점 허리에 힘이 빠지고 시큰거리고 아팠습니다. 파스를 붙여도 여전했습니다. 견디다 못해 한의원에 가서 찜질도 하고 침도 맞고 부항도 떴습니다. 자고 나면 괜찮아지겠지 했으나, 일어나보니 통증은 더했습니다. 거동조차 힘겨웠습니다. 약국에 가서 근육 이완제와 진통제를 사 먹고 치료를 받았습니다. 문득 박완서 작가의 '일상의 기적'이란 글이 떠올랐습니다. 찾아서 다시 읽어보니 바로 내 이야기를 쓴 듯해서 공감이 갔습니다. 작가가 소개한 "기적은 하늘을 날거나 바다 위를 걷는 것이 아니라, 땅에서 걸어 다니는 것이다." 중국 속담도 실감 났습니다. 아파보니 참으로 우린 기적 속에 살아가고 있습니다. 이화여대 석좌교수 최재천 박사는 일상은 차라리 기적이라며 매일 아침 눈 뜨고 맛있는 식사를 하고 제가끔 주어진 일을 하며 살아가는 일상이 다름 아닌 기적이라 했습니다. 그러나 우리는 기적만 바라며 살 수 없습니다. 탈 없는 일상의 기적을 만들어 내려면 반드시 거기에 상응하는 노력이 필요할 듯합니다.

허리가 삐끗한 원인이 무엇일까? 가만히 생각해보니 바르지 못한 내 자세에 있었습니다. 나는 새벽기도회를 마치고 집에 돌아와 조간신문을 읽습니다. 1면에서 마지막 면까지 제목만이라도 거의 읽습니다. 그러다 보면 대략 두어 시간이 걸립니다. 그날은 침대와 책상 사이 좁은 공간에서 신문을 방바닥에 놓고 바르지 못한 자세로 장시간 신문을 본 결과였습니다. 바르지 못한 자세. 그것이 원인이었습니다.

어찌 몸만 그럴까요? 마음도 바르지 못하면 잘못된 길로 갑니다. 불로소득, 일확천금, 이런 건 애초부터 신기루 같은 것입니다. 그런데도 많은 사람이 그걸 쫓아다닙니다.

내가 열일곱 살 때, 그러니까 꼭 육십일 년 전입니다. 그때 나는 처음으로 서울을 가 보았습니다. 작은아버지가 서울로 직장을 옮기는 바람에 모처럼 서울 구경을 하게 된 것이었습니다. 보이는 모든 게 신기하고 흥미로웠습니다. 그래서 아침만 먹으면 버스를 타고 이곳저곳을 기웃거렸습니다. 하루는 동대문 근처에 갔을 때였습니다. 많은 사람이 모여 무얼 구경하고 있었습니다. 호기심에 사람들 사이를 비집고 들어가 한

참을 구경하였습니다. 엎어 놓은 컵 세 개, 그 밑에 작은 주사위를 숨기고 돈을 건 사람이 보는 앞에서 요리조리 섞은 후 주사위가 있는 곳을 맞히면 돈을 두 배로 돌려주고, 틀리면 돈을 가져가는 식이었습니다. 그런데 이상한 건 나는 열 번이면 열 번 다 맞힐 수 있는데 사람들은 엉뚱한 데를 가리켜 돈을 잃었습니다. 한참을 구경하다 나도 모르게 돈 5천 원을 걸었습니다. 물론 내가 이겼습니다. 주위 어른들이 참 눈이 밝다고 칭찬해 주었습니다. 그러면서 한 번 더 해보라는 것이었습니다. 그래서 1만 원을 걸었더니 또 내가 이겼습니다. 사람들은 이구동성을 나를 응원했고 주인은 입맛을 다시며 아쉬워하는 눈치였습니다. 그때 돌아섰으면 1만 원을 따서 기분이 좋았을 터인데, 어른들이 부추기는 바람에 다시 1만 원을 걸었습니다. 그런데 이번에는 내가 졌습니다. 틀림없이 두 번째 컵에 넣었는데 1번 컵 밑에 주사위가 놓여있었습니다. 오기가 생겨서 호주머니에 있는 내 돈을 다 걸었습니다. 가지고 간 돈 2만 원을 다 잃고 돌아섰습니다. 얼마나 후회했는지…. 그 후로 나는 정당한 대가가 아닌 돈은 손에 대지 않았습니다. 사행성 오락은 물론 삶 자체에서도 노력 없이 얻는 물질은 절대로 탐하지 않았습니다. 세상엔 공짜가 없다는 걸 깨달은 큰 교훈을 얻었습니다. 따지고 보면 사기를 당하는 것도 노력의 대가보다 더 큰 걸 얻고 싶은 욕심 때문은 아닐까요?

가끔 고위 공직자나 정치가들이 불의한 일로 조사를 받고

바르지 못하면 | 159

있거나 구속되기도 합니다. 모두 다 바르지 못한 처사로 인해 패가망신(敗家亡身)을 당한 경우입니다. 모름지기 지도자의 위치에 있는 사람들이 마음과 처신을 바르게 해야 합니다. 지난해 국회의원을 포함한 공직자들이 직무 관련 정보로 사익을 추구하지 못하도록 하는 이해 충돌 방지법이 국회 본회의를 통과했다는 기사를 본 적이 있습니다. 참으로 다행한 일이 아닐 수 없습니다. 오늘은 아픈 허리도 상당히 부드러워졌습니다. 자세를 바로 하지 않으면 허리가 고장 납니다. 세상엔 공짜가 없습니다. 허리를 만지면서 몸도 마음도 바르게 살기를 작정합니다.

(2022.11.20.)

인생이란 운동장에서

지금 지구촌의 모든 이목이 카타르를 향하고 있습니다. 그곳에서는 제22회 월드컵 대회가 열리고 있기 때문입니다. 지난 24일 FIFA 랭킹 28위인 우리나라가 랭킹 14위인 우루과이를 맞아 0대 0으로 비겼습니다. 객관적 전력 차이를 극복하고 훌륭한 경기를 보여준 선수들에게 아낌없는 칭찬이 이어지고 있습니다. 안면에 검정 마스크를 쓰고 투혼을 불사른 손흥민 선수도 그가 월드클래스임을 확인시켜주었습니다

흔히 인생을 운동경기에 비유하곤 합니다. 그만큼 운동경기 중에 벌어지는 일들이 인생길에서도 일어나기 때문입니다.

운동경기에서는 결코 땀을 배반하지 않습니다. 역도 선수로 베이징 올림픽 금메달리스트인 장미란 선수는 역도를 통해 인내를 배웠다고 하며 "갖고 싶은 것을 가지려면 가질만한

준비가 필요하고 받을 만한 사람이 되어야 받을 수 있다"라고 했습니다.

4전 5기로 유명한 홍수환 권투선수가 1974년 남아프리카공화국에서 아널드 테일러를 이기고 밴텀급 타이틀을 차지했을 때 그의 연습 과정을 이렇게 말했습니다.

"남산 계단이 몇 개인 줄 아나? 1,978개다. 그걸 매일 뛰었다. 정상을 쳐다보지 않고 계단만 보고 뛰었더니 눈앞에서 계단이 사라지는 순간이 왔다. 몸이 새처럼 가벼워지는 걸 느끼면서 단숨에 정상까지 올라갔다."

인생사 역시 최선을 다해 사는 사람과 그저 대충대충 사는 사람의 결과는 당연히 다릅니다. 바로 주저앉고 싶다는 순간이 찾아오기도 하지만 이때 포기한다면 안 한 것과 다를 바가 없습니다. 모든 성공한 사람들 뒤에는 반드시 땀과 눈물이 숨어있습니다. 인생에서도 최선을 다하는 사람에게는 성공이란 여신이 동행하는 것입니다.

운동경기에서 실패를 두려워해서는 성공할 수 없습니다. IMF로 실의에 빠져있던 국민에게 LPGA 프로골프대회에서 우승하여 새로운 희망을 주었던 박세리 선수는

"실패가 두려워서는 성장할 수 없다. 일단 해보면 성공하건 실패하건 내 자산이 된다. 처음부터 잘하는 사람은 없다. 골프도 마찬가지다. 많이 쳐보고 많이 실수해 보아야 한다"라

고 했습니다.

인생도 마찬가지입니다. 무엇이든 단번에 이룬 성공은 오래가지 못합니다. 복권에 당첨되어 거액을 한꺼번에 손에 쥔 사람들의 99%가 불행하게 되었다는 기사를 본 적이 있습니다. 실패와 실수를 두려워하지 않고 차곡차곡 목표를 향해 정진하는 사람의 성공은 반석 위에 세운 집처럼 무너지지 않을 것입니다.

운동경기에는 감동이 있습니다. 단순한 승리가 아닌 아름다움이 있습니다. 1958년 마드리드에서 세계 마라톤 대회가 있었습니다. 그때 1등으로 달리던 선수가 불과 1km를 남겨놓고 다리에 쥐가 났습니다. 2위 주자가 멀리 떨어져 있다가 점점 다가왔습니다. 2등으로 달리던 선수가 1등을 하게 되었습니다. 마지막 운동장 한 바퀴를 남겨놓았습니다. 운동장에 가득한 관중들은 모두 기립박수를 쳤습니다. 두 선수 모두에게 격려의 박수였습니다. 그런데 그때 2등으로 달려오던 선수가 1등으로 달리던 선수를 부축하며 같이 뛰는 것이었습니다. 그리고 결승 지점에 왔을 때 1등으로 뛰던 선수를 반발 앞서 골인 지점을 통과하도록 해 주고 자기는 그 뒤로 2등으로 통과했습니다. 1등을 양보하고 2등으로 들어온 것입니다. 쥐가 나지 않았다면 당연히 앞서 달린 선수가 1등을 하게 된 걸 인정하여 그렇게 배려한 것이었습니다. 시상식에서 월계관은

1등에게 씌워 주었습니다. 그러자 1등 한 선수는 그 월계관을 벗어서 2등 한 선수에게 씌워 주는 것이었습니다.

   사람들은 모두 주인공이 되고 싶어 합니다. 그러나 남을 속이거나 남을 딛고 이뤄낸 성공에는 결코 박수를 보내주지 않습니다. 흔히 운동경기를 각본 없는 드라마라고 합니다. 앞으로 펼쳐질 카타르 월드컵 대회에서 어떤 감동적인 사연들이 전해질지 모릅니다. 연장전 마지막 시간에 골을 터뜨리는 것처럼 '인생은 후반전이야'라고, 인생이란 운동장에서 승리하는 삶이 되었으면 좋겠습니다.

(2022.11.27.)

정(情) 많은 민족

기온이 뚝 떨어졌습니다. 11월이 다 가도록 겨울답지 않은 날씨가 갑자기 제 모습을 드러내었습니다. 찾아온 추위에 사람들은 두꺼운 겉옷에 종종걸음을 치고 있습니다. 아무래도 감기약을 준비해야 할듯싶어 평소 다니던 약국에 들러 종합감기약을 샀습니다. 드링크 한 병을 덤으로 주었습니다. 집으로 돌아오다 문득 출출할 아내 생각이 났습니다. '이렇게 추울 땐 따뜻한 붕어빵이 제격이지' 혼자 중얼거리며 공용버스터미널로 향했습니다. 요즘 들어 붕어빵 파는 곳이 부쩍 늘었습니다. 그만큼 살림살이 형편이 더 어려워진 게 아닌가 생각되었습니다. 가는 도중에 몇 개의 붕어빵 굽는 곳을 지나쳤습니다. 굳이 터미널 근처로 가는 건 터미널 아래 골목에 있는 할머니가 파는 붕어빵을 사기 위해서였습니다. 우연한 기회에 예배를 마치고 집으로 돌아오던 중 연세도 높으신 분이

(팔십도 넘으실 듯한데) 붕어빵을 구워 팔고 계셨습니다. 2천 원인지 3천 원인지 잘 기억이 나지 않지만, 별로 많이 사지 않았는데 덤으로 몇 마리나 더 주셨습니다. 됐다며 사양해도 "정이야! 정"하면서 한 마리 더 얹어 주셨습니다. 그 후로 붕어빵을 사고 싶으면 꼭 그 할머니를 찾았습니다. 그때마다 할머니는 어김없이 그 정을 얹어 주셨습니다. 다만 가끔 허탕치는 경우가 많았습니다. 자주 나오시지 않기 때문입니다. 이번에도 헛걸음이 되었습니다만, 오히려 이같이 추운 날 나오시지 않아 마음이 놓였습니다.

간 여름 H 아파트 단지의 골목길을 지나다 보니 옥수수를 파는 곳이 있었습니다. 나이 지긋한 아주머니가 옥수수를 쪄 팔고 있었습니다. 노란 옥수수가 냄새도 구수하고 먹음직스러워 5천 원을 주고 한 봉지를 샀습니다. 그런데 그 아주머니는 담아있던 봉지를 열고 새로 찐 옥수수를 한 개 더 넣어주었습니다. 덤이었습니다. 그 후로 옥수수가 먹고 싶을 때면 꼭 그곳에 가서 옥수수를 샀습니다. 생각이 없어도 그곳을 지날 때면 억지로라도 옥수수를 샀습니다. 살 때마다 그 아주머니는 꼭 덤을 주었습니다. 하도 사양하니까 몰래 집어넣기도 했습니다.

혹 어떤 분은 공짜를 좋아하는 사람인 줄 오해하실 듯해서 말씀드립니다만, 절대로 공짜 때문에 그 약국, 그 붕어빵 할머니. 그 옥수수 파는 아주머니를 찾는 게 아닙니다. 때로는 하나쯤 빠져도 괜찮다며 사기도 하고 과일이나 채소를 살 때 우정 조금 부실한 것을 사기도 합니다. (제발 사 오지 말라는 아내의 잔소리도 듣습니다) 그런데도 굳이 덤을 주는 그곳을 찾는 것은, 오로지 정(情) 때문입니다. 정이 그리워서 찾아가는 것입니다.

우리 민족은 정이 많은 민족입니다. 보릿고개가 기승을 부리던 때도 동네에서 누구 생일이라든가 잔치가 있을 때면 꼭 이웃과 함께 음식을 나눠 먹었습니다. 어렸을 적 손을 호호 불며 그 심부름하던 기억이 지금도 생생합니다. 들녘에서 일하다가 새참이 나오면 멀리 있는 사람을 불러 함께 먹었습니다. 모두가 정을 나누며 살았습니다.

학생들은 통학하다가 잔칫집이 보이면 무조건 들어가 국수를 얻어먹었습니다. '얼마나 배고프냐'면서 배부르도록 갖다 주셨습니다.

내가 어릴 적 어른들은 들녘에서 음식을 먹을 때 사람보다 먼저 '고수레' 하며 한술 떠서 땅에 던졌습니다. 물론 토지신에게 드린다는 뜻이라고는 하지만 실제로는 들짐승들과 함께 나눠 먹는 것이지요.

가을이 되면 빨갛게 익은 감도 꼭 몇 개는 남겨두었습니다. 까치를 위해 남겨둔 까치밥이었습니다. 어머니들은 밭에 콩이나 팥을 심을 때 세 개씩을 심었습니다. 하나는 땅속에 있는 벌레들의 몫이고 하나는 하늘을 나는 새들의 몫이며 나머지 하나가 사람들 몫이었습니다. 사람뿐만 아니라 동물들에게도 정을 나눠줬습니다.

어린아이들을 위해 쓰라며 150만 원을 기부하신 80대 할머니의 기사를 보았습니다. 기초 생활 수급자이신데 재활용품을 팔아 모은 돈이라 했습니다. 또 한 분은 공공사업에 참여하여 근근이 모은 돈 65만 원을 기부하셨다고 합니다. 관계자는 "힘든 상황에도 자신보다 어려운 사람들을 먼저 생각하시는 분이 여전히 많다'라고 했습니다. 비록 물질은 부족하지만, 정(情)만은 넉넉한 분들입니다.

내일은 더 춥겠다고 합니다. 추울수록 따뜻함이 그리워지는 계절입니다. 정이 넘치는 겨울이 되었으면 좋겠습니다.

(2022.12.3.)

무엇이 우리를 행복으로 이끄는가?

 카타르 월드컵에 출전했던 한국 대표팀이 귀국했습니다. 인천 국제 공항에는 수천 명의 축구 팬이 모여 이들의 귀국을 환영해 주었습니다. 그동안 우리들의 눈과 귀를 즐겁게 해주었던 카타르 월드컵. 우리 대표팀은 세계 최강 브라질을 만나 4대 1이라는 점수로 패하고 말았습니다, 그래도 국민들은 경기마다 투혼을 발휘하여 12년 만의 16강 진출이라는 쾌거를 이룬 선수들에게 아낌없는 박수를 보냈습니다. '당신이 있어 올겨울은 따뜻했다'라는 신문 제호도 있었습니다. 윤 대통령은 '월드컵 드라마에 모든 국민의 심장이 뛰었다'라고 격려했습니다.
 완와골절상(安窩骨折傷)을 당해 수술을 받고 검은색 보호대를 착용한 채 투혼을 펼쳤던 대표팀 주장 손흥민 선수는 그의 SNS에 "대한민국 대표팀으로 뛰는 것, 그 자체만으로 영광스럽게 생각하며 몸이 부서지도록 뛰었다. 저희가 분명 더 높이 올라갈 수 있다고 믿었기에 아쉬움은 있었지만, 후회는 절대 없다"라며 "더불어 축구선수 이전에 대한민국 국민의 한 사람으로서, 제가 얼마나 행복한 사람인지 다시 한번 느낄 수 있었다"라고 썼습니다.

    그의 글을 읽으며 문득 우리를 행복하게 해주었고 선수들도 행복을 느꼈는데 도대체 '행복이란 무얼까'라는 생각이 들었습니다. 그리고 행복하기 위해서는 어떤 조건들이 있을까도 생각해 보았습니다.

    누구나 행복하기를 원합니다. 많은 사람이 행복을 원하지만, '정말 나는 행복해요'라는 사람은 드뭅니다. 하지만, 행복이 무어냐고 물으면 쉽게 대답하지 못합니다. 돈이 없는 사람은 돈만 있으면 행복할 거라고 답하고, 집이 없는 사람은 내 집만 생긴다면 행복할 거라고 합니다. 자녀가 없는 사람은 자녀만 있다면 정말 행복할 거라고 합니다. 많은 사람은 현재 느끼고 있는 부족한 부분이 채워지면 행복해질 것이라 합니다. 그러나 실제로 돈이 많은 사람은 다 행복할까요? 내 집을 가지고 있는 사람은 다 행복할까요? 자녀를 둔 사람은 다 행복할까요? 아닙니다. 그들은 여전히 행복을 찾아서 이리저리 헤매고 있습니다. 조건이 있는 행복은 잠깐의 행복을 가져다 줄 수는 있어도 오래가지 못합니다. 마치 갈증 난 사람이 바닷물을 마시는 것과 같이 채우면 또 다른 갈증이 생겨납니다.

세계 최장기 성인 발달 연구를 맡아온 미국의 저명한 정신과 전문의 조지 베일런트(Geoge E Vailant M.D)는 그의 저서 『행복의 조건』에서 "인생에서 가장 중요한 것은, 바로 다른 사람들과의 관계다"라고 결론지었습니다. 행복은 상황이나 조건이 아니라 관계가 좋을 때 인간은 가장 행복을 느낀다는 것입니다. 돈이 없어도, 내 집이 없어도, 부부간의 관계가 좋았을 때 행복을 느끼고 자녀와의 관계가 좋았을 때 행복을 느낍니다. 이웃 사이의 관계가 좋았을 때, 직장과의 관계가 좋았을 때, 일과의 관계가 좋았을 때 행복한 삶을 살 수가 있다는 것입니다.

두 번째로 감사하는 마음이 바로 '행복의 비결'이라 했습니다. 인간관계의 회복은 '감사하는 자세와 관용하는 마음'으로 상대방의 내면을 들여다볼 때 이루어진다고 했습니다. 원한이나 회한을 품고 사는 인생보다는 매사에 감사하는 마음으로 사는 삶이 언제나 더 재미있다고 했습니다. 사실 한 세상 살면서 내가 남에게 베푼 것보다는 훨씬 더 많은 사람으로부터 도움을 받고 삽니다. 생각해 보면 감사할 조건들이 너무 많습니다. 우리가 그걸 잊고 살 뿐입니다.

그는 또 행복해지려면 '긍정적 사고를 갖는 것'이라고 했습니다. "행복해지려고 노력하라, 그러면 불행보다는 행복을 한층 더 좋아할 것이다."라고 했습니다. 손흥민 선수는 월드컵 개막 전에 "1%의 가능성만 있다면 그 가능성을 보며 얼마 남지 않은 시간 앞만 보며 달려가겠다"라고 했는데 그는, 그의 글 끝에 "1%의 가능성이 정말 크다고 느꼈다. 이 자리에 설 수 있게 해주셔서 감사하다"라고 글을 맺었습니다.

"99% 불리해도 1% 유리한 구석이 보인다. 그걸 그냥 넘기지 말고 내 것으로 만들어야 한다." 여자 배구 슈퍼스타 김연경 선수의 말입니다.

행복을 이끄는 것은 조건이 아니라 모두 내 마음입니다.

(2022.12.11.)

인정과 질서 사이

성탄절이 얼마 남지 않았습니다. 며칠 후면 2022년도 역사 속으로 사라집니다. 세월의 빠름은 나이와 정비례한다는데 정말 그런 것 같습니다. 엊그제 새 달력을 바꿔 단 듯한데 벌써 한 해가 지나고 있습니다.

성탄절이 다가오니 왜 하나님은 예수님을 이 세상에 보내셨을까를 생각하게 됩니다. 더구나 하나밖에 없는 외아들을 희생의 제물로 삼아야 했던 그 이유를 깊이 묵상해봅니다.

안동의 전통적인 유교 집안에 태어나 서울대 금속공학과를 졸업하시고 초대 한동대학교 초대 총장을 지내신 고 김영길 박사는 그의 신앙고백에서 그 이유를 이렇게 설명했습니다.

<하나님은 인간을 인격이 없는 로봇처럼 창조하심이 아니고, 우리에게 자유의지를 주셔서 하나님의 명령을 자발적으로 청종하기를 바라셨다. 하지만, 인간은 선악과를 따먹었고

영적 죽음과 함께 육체의 죽음이 찾아왔다. 죽음은 하나님과 분리된 것을 말한다. 그러나 사랑의 하나님은 죽음을 선고받은 인간을 되찾고 싶어 하셨고 하나님의 자녀로 회복되기를 원하셨다. 핏속에 생명이 있고 피 흘림이 없이는 죄 사함이 없다. 인간을 구원하기 위한 조건으로 완전한 사람이면서 또한 죄가 없는 사람이 그 죗값을 지불해야 했다. 그러나 모든 인간은 제물로서의 자격을 상실했기에 인간을 대신할 희생 제물을 준비하셨다. 하나님이신 예수님께서 동정녀 마리아의 몸을 통해 성령으로 잉태되어 완전한 사람으로 태어나셨다. 하나님 스스로가 우리의 죄의 값을 지불하기 위해서 친히 제물이 되신 것이다〉

고 김영길 총장님의 말씀대로 하나님이 독생자 예수님을 이 세상에 보내신 목적은 사랑과 공의라는 두 가지 문제를 충족하기 위한 희생이라 하겠습니다.

우리 인간들도 가끔 인정(관용, 아량 또는 예외라 해도 좋다)과 질서(법, 원칙이라 불러도 무방하다) 사이의 교차점에서 멈칫거리게 될 때가 많습니다. 애초에 우리 인간 사회도 인정(人情)의 사회였을 것입니다. 그러다가 이를 악용하는 사람들이 생겨나면서 이를 보완할 방법으로 법을 만들었을 것입니다. '인류의 역사는 도전과 응전의 역사'라고 설파했던 아놀드 토인비의 말처럼 은행에서도 처음에는 도장만으로도 보증행위가 되었으나 나중에는 직접 보증인을 대동하여 보증을 세우도록 하는 등, 질서를 지키기 위해 새로운 법을 만들었습니다. 이 같은 금융기관의 예처럼 이제는 법이 없어도 살 수 있는 시대는 이미 지났습니다. 인정이 무너진 자리에 법과 규칙이 대신하게 되었습니다. 그러나 인간은 기계가 아닙니다. 때때로 이성보다는 감성이 지배합니다. 그러므로 인정이라는 인간의 감성과 질서라는 이성이 부딪쳤을 때 어느 것을 선택하는가는 매우 중요합니다.

며칠 전 어느 신문의 오피니언에 실린 <순수이성비판>을 쓴 임마누엘 칸트(Immanuel Kant)의 사형수 이야기가 생각납니다.

내일 세상의 종말이 예정되었을 때 오늘 사형이 집행될 사형수가 있다면 '어찌할 것인가'에 대한 논란입니다. 일반적인 상식은 '사형이 집행되지 않을 것이다'라는 것입니다. 내일이면 세상이 멸망하는데 처벌이 무슨 의미가 있겠는가? 더구나 사형수에게도 어머니가 있을 터이고 그 어머니 역시 내일이면 죽게 되는 데 '하룻밤이라도 함께 해주는 것이 인간적이지 않으냐?'라는 것입니다. 그러나 칸트는 그렇게 생각하지 않았습니다. 내일 지구가 멸망하더라도, '오늘의 사형은 집행되어야 한다'라고 했습니다. 그는 이렇게 설명했습니다. 이는 사형수 본인의 존엄을 위해서라고 했습니다. 인간의 존엄이란 그가 스스로 행위에 책임을 지는 인격적 주체로 존중받는다는 말과 동일한 것입니다. 그런데 처벌은 범죄의 결과입니다. 따라서 범죄자를 처벌하는 것은, 범죄자를 한 사람의 인격체로 존중하는 것입니다. 최후의 순간까지 문명과 도덕을 수호하기 위해 사형수의 인격을 지켜주기 위해 확실하게 사형을 집행해야 한다는 것이었습니다.

    그러나 실제로 우리가 사는 사회는 질서보다는 정이 앞서는 사회가 되어가고 있습니다. 인간적이지 않으냐? 하겠지만, 오히려 질서를 존중하는 것이 더 인간적일 수가 있습니다. '설마가 사람 잡는다'라는 속담도 있습니다. '악법도 법'이라며 독배를 마셨던 소크라테스. 예외를 인정하려고 한다면 반드시 자기희생을 각오해야만 할 것입니다. 마치 예수님이 십자가에 달리기 위해 오신 것처럼.

(2022.12.19.)

또 한 해를 보낸다

또 한 해를 보냅니다. 세월의 빠름을 가리켜 흔히 흐르는 물 같고 화살 같다고 합니다. 나이가 들수록 그 느낌은 더한 듯합니다.

매년 이맘때면 어김없이 지난 세월을 돌아보게 됩니다. 기뻤던 일, 보람 있었던 일, 마음 아팠던 일, 후회스러운 일 등을 생각해보며 성찰하고, 맞이하는 새해를 설계합니다.

올 한해를 돌아봅니다. 봄에는 서산지역에 산재해 있는 문화유적을 탐방했습니다. 파나마 운하나 수에즈 운하보다 무려 400년이나 앞설 뻔했던 굴포 운하 유적지며 유방택 천문기상 과학관이나 검은여 방문 등 내 고장 문화유적지를 둘러봄도 큰 즐거움과 유익이 되었습니다. 또한 가을에는 박두진 문학관을 거쳐 조명희 문학관을 방문했던 기억도 새롭습니다. 진주 유등축제를 관람했던 일, 예당호에서 전 교인 야외 예배에 참여했던 일도 아름다운 추억입니다.

충남 문화재단의 도움으로 칼럼집 『걸림돌을 디딤돌』을 간행한 일, 모 권사님의 후원으로 신앙시집 『십자가를 그려보셔요』를 재판하였으니 이 또한 감사한 일입니다. 참조은주간보호센터에서 목요 예배를 개설하여 복음 사역을 한 것과 한주도 거르지 않고 서산타임즈에 칼럼을 연재한 일도 보람을 느낍니다. 무엇보다도 목회자로서의 사명을 감당하도록 나와 나의 가정을 지켜주신 하나님께 감사드립니다. 생각해보면 감사할 분들이 너무 많습니다. 한분 한분 얼굴과 이름을 기억하면서 감사하며 축복기도를 드립니다. 탁상용 달력의 뒷장을 넘겨봅니다. 빼곡히 적혀있는 행사 메모가 결코 시간을 허투루 보내지 않았음을 증명합니다.

한 해를 돌아보며 결산해보는 일도 젊은 날과 노년의 한해는 느낌이 전혀 다릅니다. 가까운 사람이 하나씩 홀연히 연기처럼 사라짐을 보고 들을 때마다 현재의 내가 문득, 낯선 존재로 다가오며 가벼운 흥분마저 느끼게 됩니다. 부자의 만원이 청춘의 시간이라면 거지의 만원은 노년의 시간이라 할까요? 그래서 점점 시간의 소중함이 절실하게 다가옵니다. 하루하루가 소중하고 한 시간이 아깝습니다. 그래서 '오늘은 어제 죽은 사람이 그토록 그리던 내일이다'란 말이 있듯이 '오늘이 마지막인 것'처럼 살게 됩니다.

그러나 꼭 노년의 삶만 시간이 아까운 걸까요? 아닙니다.

시간은 금이라는 서양 속담이 있습니다. 시간을 지배하는 자가 성공한다고 했습니다. 1년은 우리에게 똑같이 8,760시간을 나눠줍니다. 하루하루를 보람 있고 행복하게 보낸다면 1년이 그렇게 될 것이고, 그렇게 쌓인 일생이 그렇게 될 것입니다. 그러면 어떻게 하여야 보람찬 하루, 후회 없는 하루하루가 될까요?

첫째로 주어진 환경에서 최선을 다하는 일이라고 생각합니다. 어느, 누구도 대충대충 살아 성공한 사람은 없습니다. 아무것도 하지 않으면 아무 일도 일어나지 않습니다. 인생에서 가장 중요한 건 지금과 여기입니다. 미치지 않고는 성공하지 못합니다. 후회 없는 삶은 바로 최선을 다하는 일입니다.

두 번째는 자족하는 일입니다. 남의 손에 든 떡이 커 보인다는 속담처럼 어떤 사람도 자기 직업에 100% 만족하는 사람은 그리 많지 않을 듯합니다. 그러나 내게 주어진 일이 천직이라 생각하면 마음이 달라질 것입니다. 바울 사도는 "내가 비천에 처할 줄도 알고 풍부에 처할 줄도 알아 모든 일에 배부르며 배고픔과 풍부와 궁핍에도 일체의 비결을 배웠노라."라고 말했습니다. '천재는 노력하는 사람을 이길 수 없고, 노력하는 사람은 즐기는 사람을 이길 수 없다'는 말도 있습니다. 결국, 자족이 행복과 보람의 비결인 셈입니다.

세 번째로 감사하며 사는 일입니다. 아무리 능력 있는 사람이라도 자기 혼자서는 이룰 수 없습니다. 반드시 누군가의 도움이 있게 마련입니다. 감사하는 마음이 나를 바꾸고 세상을 바꾼다는 말이 있습니다. 감사는 또 다른 감사를 부른다고 합니다. 하루하루를 감사한 마음으로 산다면 그것이 한 달이 되고 한 해가 되겠지요.

드디어 2022년과 작별할 시간이 다가오고 있습니다. 얼마만큼 내 삶에 최선을 다했는가? 스스로 만족하게 여기며 어떻게 감사한 마음으로 살았는가를 돌아봅니다. 이제 설레는 마음으로 2023년을 맞이합니다. 어떤 황홀한 일들이 우리를 기다리고 있을까요?

(2022.12.24.)

꿈이 없는 시대, 꿈을 잃어버린 시대

참으로 안타까운 기사를 읽었습니다. '코로나 때문인가? 꿈 없다는 초등생 늘어' 신문 기사의 제목이었습니다. 내용을 읽지 않고 제목만 봤는데도 가슴이 철렁했습니다. 꿈이 없다니….

교육부와 한국 직업 능력 개발원이 지난 2월 24일 '2020년 진로 교육 현황 조사에 따르면 초등학생 20.1%가 미래 희망 직업이 없다고 응답했다고 합니다. 중학생은 33.3%, 고등학생은 23.3%가 희망 직업이 없다고 했습니다. 꿈이 없다는 답변은 중학생이 2013년, 고등학생은 20145년 이래 가장 많았다고 합니다. 이에 어느 학자는 코로나로 인한 스트레스를 겪으며 미래에 대한 꿈과 희망을 잃어버렸다고 했습니다. 이 나라를 짊어지고 나갈 미래의 동량들이 아무리 어렵고 힘들어도 꿈이 없다니, 꿈을 잃어버렸다니. 기가 막히고 가슴이 답답하였습니다.

나는 해방되던 해에 태어났습니다. 오늘의 대한민국이 있기까지 모든 역사를 지켜봤고 몸으로 겪어왔습니다. 쌀 한 톨 없는 꽁보리밥을 먹어보았고 나문재에 밀가루를 반죽한 것도 먹어봤습니다. 감꽃도 주워 먹고 메 뿌리도 캐 먹었습니다. 솔방울도 팔고 나무도 팔아 학교에 다녔습니다. 이 삼 십리 길, 새벽 별 보고 등교했다가 저녁별 보고 하교했습니다. 비가 오면 허리까지 차오르는 냇물을 건넜고 눈이 오면 눈길을 걸었습니다. 그렇게 학교에 다녔습니다. 직장에 들어가서도 야근을 밥 먹듯이 했어도 시간외근무 수당, 휴가 보상금 같은 것은 이름조차 몰랐습니다.

무슨 고리타분한 옛날이야기를 하려는 게 아닙니다. 우리는 6·25, 3·15, 4·19, 5·16, 10·26, 5·18, 6·29, 이런 역사의 소용돌이 속에서도 꿈이 있었다고, 꿈을 잃지 않았다고 말하고 싶은 겁니다.

초등학교 다닐 때 아이들에게 장래 직업이 무어냐고 물으면 많은 학생은 '대통령' '장군,' '국회의원'을 적어냈습니다. 때로는 '선생님', '과학자'도 적어내었습니다. 적어낸 것은, 물론 꿈이고 희망이었습니다. 철이 들어가며 점점 눈에 보이는 직업으로 바뀌었고, 고등학생 정도 되면 현실과 가까운 직업으로 쪼그라들었지만, 여전히 꿈이 있었습니다. 꿈을 안고 자랐고 희망을 품고 어른이 되었습니다. 그 꿈을 향해서 걸어갔습니다. 꿈을 이루지는 못했어도 근처에 갔고, 더러는 꿈을 이루었고, 어떤 이는 꿈보다 더 큰 것을 이루었습니다. 그렇게 해서 지금의 대한민국을 만든 것입니다. 우린 어려워도 꿈이 있었고, 포기하지 않았습니다.

미국의 로버트 슐러 목사는 「미래를 여는 힘」에서 미래를 내던지지 말라고 일갈했습니다. 그리고 미래를 여는 힘은 가능성을 믿고 꿈에 집중하는 것이라 했습니다. 오늘은 기껏해야 24시간이지만, 내일은 끝없이 펼쳐지는 시간인데, 그 내일은 목표가 있는 시간이고 꿈이 있는 시간이라 했습니다. 그런데 그 내일을 꿈도 희망도 없이 오늘을 살아간다면 다가오는 내일에 그 무엇을 잡을 것인가요? 꿈이 아무리 멀리 있어도 '할 수 있다. 하면 된다'라는 신념을 가지고 살다 보면, 그 신념의 힘이 우리를 꿈이 있는 곳으로 안내할 것입니다.

미국의 차세대의 리더인 조엘 오스틴은 그의 저서 「긍정의 힘」에서 마음을 바꾸고 자기 세상을 넓히라고 했습니다. 우리의 적은 결단코 환경이나 조건이 아니고 바로 내 마음속에 있다고 했습니다. 꿈과 비전을 수없이 마음으로 그리라고 했습니다. 지금의 어린이나 청소년은 이전 세대처럼 그렇게 허황한 꿈을 꾸지는 않습니다. 어쩌면 현실적이고 실현 가능성 있는 구체적 꿈을 꿉니다. 그래서 더 희망이 있습니다.

우리가 자랐던 그 시대와 비교해 보면 지금은 비교할 수 없는 천국입니다. 지금 코로나가 아무리 우리를 힘들게 해도 내일은 다가옵니다. 오늘은 막혀 있어도 내일은 길이 뚫립니다. 결코 포기해서는 안 됩니다. 잃어서는 안 됩니다.

　H.W. 롱펠로는 이렇게 노래했습니다. '추녀 끝에 걸어 놓은 풍경도 바람이 불지 않으면 소리가 나지 않는다. 바람이 불어야 비로소 그윽한 소리가 난다. 인생도 평온, 무사하기만 한다면 즐거움이 무엇인지를 알지 못하게 된다. 곤란한 일이 있으므로 해서 즐거움도 알게 된다. 기쁜 일이 있으면 슬픈 일이 있고, 즐거운 일이 있으면 괴로운 일이 있다. 이같이 희로애락이 오고 가고 뒤엉키어 심금에 닿아서 그윽한 인생의 교향악은 연주되는 것이다.'

　꿈을 잃은 어린이여! 청소년이여! 희망은 주어지는 것이 아닙니다. 스스로 만들어 가야 합니다. 꿈을 포기하지 말아라! 잃었던 꿈을 찾아라!

(2021.3.4.)

전 세계 꼴찌

 전 세계 꼴찌랍니다. 통계청이 발표한 자료를 보면 우리나라 지난해 합계 출산율이 0.84명으로 전 세계 198개국 중 꼴찌라고 합니다. 범죄율이나 실업률 같은 것이 꼴찌라면 얼마나 좋을까만, 다른 것도 아니고 출산율이 꼴찌라니, 그것도 세계 꼴찌라니.
 부부는 1.5, 큰아들 1, 둘째 아들 1, 그리고 딸 1입니다. 총원 8명의 합계 출산율은 1입니다. 이는 우리 집 출산율의 상황표입니다. 철저히 국가 시책을 따랐지만, 겨우 본전입니다.
 갑자기 예비군 훈련하러 갔다가 정관 수술하던 생각이 납니다. 그때 예비군 훈련장에 나왔던 보건소 직원(?)의 말솜씨는 우리를 감동케 했습니다. 구구절절 실감 났고 옳았습니다. 우리 주위를 살펴보라고 했습니다. 없는 사람들이 자식만 잔뜩 낳아서 뭘 어쩔 거냐고 물었습니다. 땅덩이는 작은 나라에서 인구만 많으니 어떻게 잘 살겠느냐는 것이었습니다. 중대장이 그랬습니다. 이번 훈련은 아주 고된데 정관 수술하는 사람은 훈련을 빼주겠다고. 우린 우르르 병원으로 달려갔습니다.

그때 산아제한 구호는 '셋만 낳아 잘 기르자' 였다가, '둘만 낳아 잘 기르자'에서 '둘도 많다. 하나만 낳아 잘 기르자.'가 되었습니다. 어쩌면 그 바람에 우리나라의 경제 발전 속도가 빨라졌는지는 모르겠습니다.

산아제한 정책이 불과 몇 십 년 전인데 여기까지 왔나 싶어 놀랍기만 합니다. 최영미 시인의 '선운사에서'라는 시가 생각났습니다.

'꽃이/ 피는 건 힘들어도 /지는 건 잠깐이더군//

물론 억지로 갖다 붙이긴 했지만, 여기다 인구 정책을 대입해보니 실감 납니다. 지는 건 잠깐이지만, 피기는 어렵습니다. 한 번 떨어진 인구 증가는 결단코 쉽지 않습니다. 이는 선진국이 이미 증명한 결과입니다.

이대로 간다면 30년 후엔 우리나라 현재 인구의 절반으로 떨어질 것이라 합니다. 이미 초고령화 사회로 진입했습니다. 인구는 나라를 구성하는 국력입니다. 인구의 급격한 감소에 따른 문제들은 우리 같은 범부도 쉽게 짐작할 수 있습니다. 노동력 저하, 부양 능력 감소, 경제 성장 퇴보 등등.

프랑스로 시집간 딸이 첫아이를 낳아 데리고 왔을 때, 들은 이야기입니다. 제법 오래된 이야기지만, 그 나라가 부럽다고 했던 기억이 납니다. 딸 아이 말로는 임신 초기부터 산부인과 병원은 무료 진료를 받고 7개월부터는 800유로(?)씩을 받고, 출산하면 세 살까지 매달 160(?) 유로를 받으며 유치원부터 고등학교까지는 완전 무료이고 일반 대학도 최저 수준의 학비만 부담한다고 했습니다. 사실상 무상 교육 수준이라는 것이었습니다. 큰 외손녀는 고등학교 졸업반입니다. 국가에서 지원해 주는 의과 대학에 진학할 예정이라고 합니다. 그렇게 좋은 환경이라도 딸은 아이를 둘밖에 낳지 않았습니다. 그만큼 인구 증가는 어렵습니다.

코로나19 재난지원금 문제로 정치권이 시끄럽습니다. 여당 대표가 4차 지원금 지급대상자와 방법을 놓고 부총리 겸 기획재정부 장관에게 "참 나쁜 사람"이라며 대놓고 질책했다는 기사를 보았습니다. 국가 재정을 책임지고 있는 사람과 정치적 이해관계를 따르는 정치인과의 갈등이라 여겨지지만, 이를 보는 우리는 씁쓸하기만 합니다. 이 돈이 어디서 나는가요? 빚을 지면 누가 갚나요? 당연히 우리 후손들이 물려받고 짊어져야 하지 않겠습니까? 과거 우리는 못 먹고 못 입어도 자식을 위해 모든 걸 포기했습니다. 돈이 없으면 빚을 내서 자식들을 가르쳤습니다. 이는 현재보다는 미래에 대한 피눈물 나는 투자였습니다. 빚을 지더라도 출산 장려 정책이라면 감수해도 후손들에게 미안하지는 않습니다. 왜냐면 저희 미래에 대한 투자이기 때문입니다.

우리나라만큼 살기 좋은 곳이 어디 있나요? 금수강산에 사계절마다 뚜렷하니 전 세계 사람을 받아들이면 되겠지요. 지금도 얼마나 많은 외국인이 와 있나요? 하지만, 그에 따른 사회적 비용이나 갈등을 생각하면 태생적 이민 사회의 미국과 비교함도 쉽지 않은 일입니다.

전 세계 꼴찌라는 기사를 보고 아무 힘도 없으면서 그냥 걱정해 보았습니다. 그저 정치하시는 분들. 제발 눈을 들어, 멀리 보시기를 간절한 마음으로 바랄 뿐입니다.

(2021.3.8.)

역지사지(易地思之)

 역지사지는 우리가 익히 아는 사자성어입니다. 남과 처지를 바꿔놓고 생각하라는 뜻인데 이를 실천하며 산다는 것은 그렇게 말처럼 쉬운 일이 아닙니다.
 왜냐하면 우리 인간은 철저히 자기중심적 삶이기 때문입니다. 누구든 내 입장과 형편을 기준으로 생각하고 판단하여 살아갑니다.
 올빼미는 밤이 낮이고, 두더지는 땅속이 편합니다. 개구리는 연못이 운동장이고 박쥐는 동굴이 천국입니다. 보통 동물들은 해가 뜨면 활동하기 시작하여 해가 지면 잠을 자지만, 올빼미는 이와 반대로 밤이 되어 어둠이 깔리면 비로소 제 세상이 되어 활동합니다. 두더지는 햇볕에서는 맥을 못 춥니다. 땅속이 그의 세상입니다. 개구리나 박쥐도 활동 공간이 저마다 다릅니다. 모두 자기의 중심에 기준을 비춰보면 이해할 수도 없고 불편하기 짝이 없는 것입니다.

내가 운전자가 되면 보행자들의 무분별한 행동이 눈에 거슬립니다. 무단횡단이나 차도에 어정거리는 모습을 보면 화가 납니다. 그러나 내가 보행자가 되면 운전자의 난폭운전에 저절로 욕설이 튀어나옵니다. 자신이 어떤 위치에 있느냐에 따라서 판단하는 관점이 달라집니다.

배고픈 사람에게는 밥 한 그릇과 김치 하나만으로도 만족합니다. 어느 날 최양락씨 부부가 나오는 오락 프로를 본 적이 있습니다. 최양락씨는 몹시 시장했는지 아내인 팽현숙씨가 점심을 차리는 동안 여러 번 재촉했습니다. 팽현숙씨가 차린 음식을 가져오자 최양락씨는 이미 배고픔이 지났는지 먹을 생각은 하지 않고 무슨 음식 솜씨 자랑을 하려고 한 시간 반이나 걸려 차렸느냐고 타박하였습니다. 이 소리를 듣고 있던 아내는 사람 성의도 몰라 준다며 눈물을 흘리면서 심지어 반말까지 하며 성질을 내었습니다.

사자와 소의 사랑 이야기가 있습니다. 소와 사자가 만나 서로 사랑하게 되어 결혼했다고 합니다. 소는 최선을 다하여 연한 풀을 보면 먹지 않고 사자에게 대접하였고, 사자는 열심히 사냥하여 좋은 부위만 소에게 물어다 주었다고 합니다. 그러나 어찌 소가 고기를 먹겠으며 사자가 풀을 먹겠는가요? 서로 헤어지며 자기는 최선을 다했다며 상대방을 원망했다는 이야기입니다. 최양락씨 부부의 이야기나 소와 사자의 사랑

이야기 모두 자기중심적, 자기 위주의 생각 때문이었습니다. 그것은 바로 소의 세상, 사자의 세상일 뿐입니다. 나 위주로 생각하는 최선이나 상대를 못 보는 최선은 최선이 아니고 때로는 최악이 되기도 합니다.

아내가 정성 들여 차린 음식이 무슨 소용이 있는가요? 내 중심적 사고가 바로 비극의 씨앗은 아닐까요?

이것은 남들 이야기가 아닙니다. 이들 부부만의 이야기가 아닙니다. 입장 바꿔 생각해 보면 얼마든지 이해할 수 있을 것입니다. 남편과 아내, 부모와 자식, 학생과 교사. 친구와 친구. 여당과 야당, 정부와 국민. 각각 상대방의 입장에 서서 생각해 보면 오해와 갈등 대신 행복한 삶을 살아갈 수 있을 것입니다.

역지사지의 또 다른 정신은, 있는 사람이 없는 사람의 입장에 서보는 것입니다. 돈 있는 사람이 돈 없는 사람의 처지를 생각하는 것이며, 힘 있는 사람이 약자를 생각하는 것이며 다수가 소수의 입장에 서보는 것입니다.

요즘 다수당과 소수의 야당의 모습을 보면 국민의 한 사람으로 참으로 안타깝게 생각합니다. 어느 권력이든 영원할 수는 없습니다. 영원한 여당도 없고 영원한 야당도 없습니다. 현재 힘으로 밀어붙인 법안이 나중에 올무가 될 수 있고, 오히려 죽기 살기로 반대했던 법안이 나중에 무기가 될 수도 있을 것입니다. 여당은 야당의 입장을, 야당은 여당 입장에 서서 정권 유지 차원이 아닌, 국민을 위한 확실한 법안이라면, 굳이 반대할 일도 없고 싸울 일도 없을 것입니다.

천국과 지옥의 밥 먹는 이야기가 있습니다. 천국과 지옥엔 밥과 기다란 숟가락이 놓여있는데 지옥엔 빼빼 마른 사람들만 있고 천국엔 번들번들 살찐 사람들만 있는 것이었습니다. 왜 그럴까 하는 의문이 들어 천국과 지옥의 밥 먹는 모습을 엿보았더니 지옥에 있는 사람들은 긴 숟가락으로 자기 입을 향해 밥을 떠먹으려 발버둥을 치지만, 천국은 서로 긴 숟가락을 이용해 상대방에게 떠먹여 주더라는 것입니다.

상생(相生)하려면 서로를 배려해 주어야 합니다. 상생의 필요 충분 조건은 바로 역지사지 정신입니다.

(2021.3.9.)

사과(謝過)

성경에 '의인은 없나니 하나도 없다'라는 말씀이 있습니다. 누구나 잘못을 저지를 수 있고 실수할 수도 있습니다. 다만, 그걸 깨닫고 뉘우치며 같은 잘못이나 실수를 반복하지 않음이 중요합니다.

가끔 신문이나 소셜 미디어에서 기업이나 유명인의 사과문을 볼 때가 있습니다. 그런데 의도와는 달리 그 사과문으로 인해 더 큰 2차 가해를 불러오는 경우도 많습니다. 성추행의 피해자를 피해 호소인이라 해서 손가락질받은 사과문도 있었고, 모 개그맨의 부인이 올린 사과문도 비판을 받기도 했으며, 요즘 어떤 유명 운동선수가 올린 사과문도 문제가 되고 있습니다. 왜 그럴까요?

나는 한 번도 읽어본 적이 없지만, 사과에 관련된 서적도 꽤 많이 있다고 합니다. 요즈음엔 사과도 기술이 필요한 시대라고 합니다. 기술이 무언가 했더니 직접 만나, 조건 없이, 구체적으로란 것입니다. 기술? 나는 이 말이 정말 귀에 걸립니다. 아무리 기술 만능 시대라 해도 사과하는데 기술이 필요하다니…. 물론 어설픈 사과는 하지 않음만 못하겠지만, 그래도 사과를 기술에 의존한다는 말에는 삭막한 현대인의 민낯을 보는 것 같아 씁쓸합니다.

사과(謝過)란 잘못에 대한 용서를 비는 행위입니다. 용서를 빌 때 가장 중요한 건 진정한 마음입니다. 진심은 겉으로 포장한다고 하여 느껴지는 게 아닙니다. 진심은 마음과 마음이 통했을 때 비로소 나타납니다. 사과와 용서가 일치하는 지점에 진심이 놓여있습니다. 진심은 마치 봄 햇살 같아서 차디찬 눈도 금방 녹여버립니다. 봄 햇살에 무슨 기술이 필요하나요?

아주 오래된 기억이지만, 상사와 부하 간의 불화를 화해시키기 위한 중재자 노릇을 한 적이 있습니다. 상사를 만나서는 상사의 잘못을 지적하고 부하의 입장을 설명하여 상사가 사과하겠다는 승낙을 받았고, 부하를 만나서는 상사의 고충과 부하의 태도에 잘못이 있음을 지적하여 사과하겠다는 말을 듣고 성사된 자리인지라 틀림없이 잘 풀리리라 믿었습니다. 그러나 기대와는 달리, 사이는 더 틀어지고 말았습니다. 나중에 듣고 보니 상사는 부하의 잘못을 인정하면 자기도 사과하겠다고 했다는 것입니다. 이에 격분한 부하는 더욱 화를 내고 결국 직장을 그만두었습니다. 진정성 없는 사과는 더욱 화를 부릅니다.

　미국의 극작가 이브 엔슬러는 어린 시절 아버지의 성적 학대를 당했던 아픔으로 평생을 고통 속에 살았다고 했습니다. 그녀의 아버지가 세상을 떠난 후, 비로소 아버지의 사과를 받아들였다고 했습니다. 그녀는 이렇게 말했습니다. '사과는 용서를 거쳐야 받아지는 것'이라고. 마음에서 우러나오는 진정한 사과는, 완전한 정직함과 깊이 있는 자아 성찰, 그리고 시간이 필요하며 또한 사과는 신성한 약속이라고도 했습니다.

　사과도 자주 하면 진정성을 잃습니다. 내가 아는 어느 분은 늘 자기가 잘못했다고 사과합니다. 사회적 명망 있는 분이라 처음에는 신선한 충격으로 다가왔습니다. 그러나 그 말을 자주 듣게 되니 진정성이 느껴지지 않았습니다. 사과는 말에 있지 않습니다. 한마디 말이라도 진정성이 있으면 용서가 됩니다.

　내가 직장을 다닐 때 재무제표를 보다가 재고가 지나치게 많음을 보고 깜짝 놀라 담당 직원을 불렀습니다. 정상적 거래가 아니고 일종의 투기 목적도 있었습니다. 내가 리스크를 설명하자 직원은 불만스러운 표정으로 듣고 있다가 말없이 나가버렸습니다. 걱정되어 조사해 보았더니 상인이 중간에 끼어 있었습니다. 집에 돌아와서도 잠을 이룰 수가 없었습니다. 잘못되면 막대한 손해를 입을 수 있었습니다. 일의 추진 과정도 잘못되었고 직원의 태도도 괘씸했습니다. 징계까지 가야 할 사안이었습니다. 이튿날 다소 이른 시간에 출근했습니다.

평소에는 시간이 다 되어서야 출근하던 그 직원이 벌써 출근해 있었습니다. 그는 내 방으로 들어오더니 고개를 숙였습니다. "잘못했습니다." 한 마디뿐이었습니다. 그러나 진심이 전해져 왔습니다. 그의 어깨를 두드렸습니다. "기왕 벌어진 거, 어떻게 해" 나는 그를 진심으로 용서할 수 있었습니다. 물론 그 일로 인해 마음고생도 심했고 적지 않은 금전적 손해도 입었지만, 지금도 그 직원에게 서운한 마음은 손톱만큼도 없습니다.

(2021.3.9.)

한 포기 풀

새해 벽두 근사한 한 질의 책을 받았습니다. 충남 출신 문인들의 장르별 작품을 수록한 4권의 책입니다.

지난해 충남 문인협회에서 『충남 문학 대관』을 발간한다는 소식과 함께 시 한 편을 보내라는 주문이 왔습니다. 시 쓰기 적지 않은 세월, 그동안 1,000여 편의 시를 지어 놨지만, 딱히 남 앞에 내놓을 시 한 편 없음에 스스로 놀랐습니다. 한심한 생각조차 들었습니다. 내 마음에 들지 못한 작품을 어찌 남 앞에 내놓을까 싶었습니다. 고민하다가 기왕 쓴 것 말고, 차라리 지금 내가 가지고 있는 삶의 소회를 그려봄이 어떨까 하여 몇 자 적어 보냈습니다. 그 시가 바로 '한 포기 풀'입니다.

풀밭의/ 풀 한 포기 뽑혔다 해서/ 돌아가는 세상/ 멈추지는 않겠지만// 한 포기 풀/ 하나하나 모여서/ 풀밭이 되지 않나?// 난 나를 살고 싶다/ 없어도 괜찮은 존재가 아닌/ 내가 있어 풀밭이 된다는/ 존재 이유의 가치를 안고.

운동장 안에는 두 부류의 사람들이 있습니다. 하나는 직접 경기에 참여하고 있는 선수, 그리고 또 하나는 그 경기를 관람하고 있는 구경꾼입니다. 선수나 구경꾼 모두 경기장 안에 있지만, 승리의 기쁨과 패배의 아픔을 느끼는 강도는 하늘과 땅 사이만큼 큽니다. 구경꾼은 그저 한순간 느끼는 애환으로 끝나지만, 선수는 한 경기의 결과만으로도 엄청난 인생의 변곡점이 될 수 있습니다.

인간은 누구나 태어나면서 어느 분야건 선수로 뛰어야 할 운명을 타고납니다. 다만, 선수로 뛰어야 할 운동장의 숫자나 규모가 다를 뿐입니다. 생존을 위한 직업이라는 운동장, 또는 취미나 부업으로 갖는 운동장을 갖고 살아갑니다. 그 운동장에서 어떤 이는 선수로 참가하여야 함에도 구경꾼으로 관중석에 앉아 수수방관하는 사람이 있는가 하면 어떤 이는 구경꾼임에도 선수 못지않게 뛰어들어 과실을 나눠 먹는 사람도 있습니다. 그런가 하면 엄연한 선수이면서 심판으로 자처하는 사람도 있습니다. 투표장에 가지도 않았으면서 정치인을 욕하는 사람, 행사에 제대로 참여하지도 않으면서 결과가 잘못되었다고 욕하는 사람. 회비도 잘 내지 않으면서 회장을 비방하는 사람…,

선택은 오로지 자신이 하는 것입니다. 선수라면, 열정적으로 뛰어야 합니다. 주전이 아니래도 좋습니다. 설사 후보 선수라고 낙심하거나 방관해서는 안 됩니다. 주전 못지않게 후보 선수도 중요합니다. 집을 짓는 목재도 대들보만 있어도 안 되고 서까래만 있어도 곤란합니다. 주방에도 금 그릇, 은그릇. 놋그릇, 나무 그릇이 있어 그 소요대로 쓰임을 받습니다. 비록 후보 선수라 할지라도 바로 경기에 투입할 수 있도록 만반의 준비를 해야 합니다.

나 혼자 작품을 내지 않았다고 『충남 문학 대관』을 만드는 데는 아무 문제가 없었을 것입니다. 그러나 나와 같은 생각으로 모두 작품을 내지 않았다면 어찌 되었을까요? 우리 모두 선수가 되어 유명한 문인뿐만 아니라 나 같은 무명의 시인이 함께 어우러져 이렇게 멋지고 근사한 『충남 문학 대관』 책이 탄생한 것입니다.

주어진 현재 위치와 환경에 최선을 다합시다. 비록 내일 세계의 종말이 올지라도, 나는 오늘 사과나무를 심겠다고 한 스피노자의 말을 빌리지 않더라도, 오늘을 어떻게 사느냐에 따라 내일이 결정된다면 어찌 세상을 구경꾼으로만 살 것인가요? 마라톤에서 1등으로 들어오는 사람에게 박수를 보내지만, 마지막 비틀거리며 들어오는 꼴찌에게도 따뜻한 박수를 보냅니다. 우리는 그가 얼마나 최선을 다했는가를 알기 때문입니다. 한 번뿐인 인생이요, 재연할 수 없는 연극입니다. 주연이든 조연이든 내게 주어진 존재 이유의 가치를 소중히 알아야겠습니다. 나 하나쯤이 아니라 나 하나만이라도 하는 마음이 세상을 아름답게 합니다. 세상이 나를 위해 존재하지는 않습니다. 그러나 나 없는 세상은 세상이 아닙니다.

(2021.3.10.)

제 4부

자아실현으로 행복 찾기

돈 쭐

　세상이 복잡하고 혼란스러우니 신조어들이 마구 생납니다. 검수완박(檢授完剝)이면 부패완판(腐敗完判). 전 검찰총장의 말입니다. 풀어 설명하지 않으면 선뜻 이해할 수 없습니다. '검찰 수사권을 완전히 박탈하게 되면 부패가 완전히 판을 친다.'는 뜻이라고 합니다.
　요즘 '돈쭐'이라는 유행어가 떠다니고 있습니다. 이는 선행에 나선 업체의 제품을 구매해 돈으로 혼내준다는 의미로 쓰이는 말이라 합니다. 네티즌들이 미담을 보고 감동해서 '해당 기업, 가게의 제품이나 서비스를 많이 이용해서 해당 기업, 가게를 바쁘게 만들어 혼내주자' 라는 뜻이라고 합니다. 부정적 의미가 긍정적으로 바뀐 언어가 바로 '혼쭐'이 '돈쭐'로 된 것입니다.
　며칠 전 '홍대 치킨집 돈쭐 낸 무명 가수'란 제목의 기사를 보았습니다. 내용을 보니 어린 형제에게 무료로 치킨을 먹여준 홍대 앞 치킨집에 무명 가수가 돈쭐을 내주고 싶다면서 치킨 120마리를 사서 복지 아동 시설에 보냈다는 기사였습니다. 이를 본 많은 사람이 댓글로 응원했다고 합니다. 이 사실이 알려지자 부산, 강원 등 전국에서 돈만 내고 음식을 받지 않는 돈쭐 주문이 이어지고 있다는 것입니다.

몰래 하는 선행이 미덕이라는 생각 때문일까요? 사실 알려지지 않은 선행을 베푼 사람들이 흙 속의 진주처럼 전국 곳곳에 묻혀있습니다. 얼굴 없는 천사들이 전국 각지에서 선행을 베풀고 있습니다. 노숙자들에게 매일 커피와 생강차를 대접하는 청년들 이야기며 말없이 독거노인들을 돕고 있는 사람들 이야기는 우리 마음을 훈훈하게 합니다.

얼마 전, 인지 모 식당에 지인 몇 사람과 점심을 먹었습니다. 식후에 차 한잔 마시자 했더니 먼저 일어선 강(姜) 회장이 가까이 있는 카페를 놔두고 굳이 오래된 아파트 곁에 있는 카페로 가자고 권했습니다. 규모도 그다지 크지 않고 내부도 다른 카페와 별반 다르지 않았습니다. 의아해하는 내게, 지난 연말에 이곳 카페 주인이 자기가 이사장으로 있는 서산 인재 육성 재단에 1백만 원을 기부한 분이라고 소개했습니다. 그 뜻이 고마워 인지에 오면, 꼭 이 집에 들른다고 했습니다. 주인은 마스크로 얼굴을 가리고 있으니 나이를 짐작할 수는 없었으나 그리 많은 나이는 아닌 듯했습니다.

1백만 원이란 돈은 크다면 크고 적다면 적은 돈일 수 있습니다. 그러나 남을 위해 조건 없이 내어놓은 돈이라면 결코, 적지 않은 금액입니다. 극구 사양하는 주인에게 몇 가지를 물었습니다. 대답은 간단했습니다. 자기도 어려움 속에 남의 도움을 받고 공부하였기에 조금이나마 보답하고 싶었기 때문이라 했습니다. 작년 9월에 문을 열어 그동안 저축했던 돈이라 했습니다. 이야기 중에 전에도 모 고등학교 학생에게 많은 금액은 아니지만, 2년간 도움을 주었다고 했습니다. 자꾸 감추려 드는 것을 억지로 입을 열게 했습니다. 절대로 본인이나 상호 위치까지도 알리지 말라며 신신당부했습니다.
　사람에게는 감정 전염이란 현상이 있습니다. 마치 호수에 던져진 작은 돌 하나가 잔잔한 파장을 일으켜 널리 퍼지는 것과 같은 걸 말합니다. 슬프지도 않은데 울고 있는 모습을 보면 자기도 모르게 눈물이 나고 웃는 곳에 가면 저절로 웃게 되는 것도, 따지고 보면 이 감정 전염의 현상이랄 수 있을 것입니다. '돈쭐' 현상도 아마 이런 연유가 아닐까요? '몰래 하는 미덕은 옛말, 선행일수록 알려야죠'라는 어느 네티즌의 말에 손을 들어주고 싶습니다. 시내 S 교회 카페에서 발생한 수익금을 어려운 이웃을 위해 기부한 명세가 벽에 붙어있었습니다. 셈해보니 2013년부터 어림잡아 1억 5천만 원 정도가 되었습니다. J 교회 카페에 가보니 그곳에서도 '희망 심기'라며 어려운 이웃과 지역 학생들을 후원한 돈, 지난 2월의 기부금 60만

원이라 적힌 팻말이 놓여 있었습니다. 이런 따뜻한 선행들이 물결처럼 더 멀리, 더 넓게 퍼졌으면 좋겠습니다. '돈쭐'이 유행병처럼 널리 널리 퍼졌으면 좋겠습니다.

  인간사회는 한 줄에 매인 염소 같습니다. 함께 가면 먹을 수 있는 풀도 서로 당기면 둘 다 굶습니다. 코로나19로 힘겨워하는 우리의 이웃에게 '돈쭐'을 내어 용기와 희망을 품게 했으면 좋겠습니다.

(2021.3.26.)

상(賞)

　평소 가깝게 지내는 L 교수로부터 모 신문사에서 주관하는 문학상을 추천하겠으니 소설집 『원산도』를 보내달라는 연락이 왔습니다. 엊그제 책을 보냈습니다. 주체는 다르지만, 전에도 같은 이야기가 있어 거절한 바 있었는데 이번까지 차마 거절할 수 없었습니다.
　세상에 상을 싫어하는 사람이 있을까만 이러쿵저러쿵 하도 말 많은 세상이라 차라리 안 받고 입질에 오르지 않는 게 편할 듯싶은 마음에서였습니다. 막상 거절하고 보니 마음이 편하지 않았습니다.
　이따금 수상을 거절하는 경우가 있습니다. 노벨상 같은 세계 최대의 상을 거절한 사람도 6명이나 됩니다. 거절 사유가 대부분 정치적이거나 견해의 차이로 거절했습니다. 그런 거창한 거절 사유는 접어두더라도 수상을 거절한 이유는 겸손한 마음이나 교만한 마음일 것입니다. 겸손과 교만, 전혀 다른 반대의 개념이지만, 같은 뿌리에서 나온 마음이 아닐까 싶습니다. 둘 다 '나 같은 사람이 어떻게?'라는 마음에서 겸손도 나오고 교만도 나옵니다. 수상하는 주체에서 보면 겸손이 교만으로 비칠 수도 있고 이미 수상한 사람들에 대한 모욕일 수도 있습니다.

상에 대한 논란은 피할 수 없습니다. 모두에게 돌아가는 것이 아니라 어느 특정인에게 주어지는 것이기 때문입니다. 모든 상이 모든 사람에게 수긍할 수만 있다면 이런 논란은 피할 수 있겠지만, 상도 사람이 하는 일이라 그렇지 못한 것도 많기 때문입니다. 논란의 성격도 다양합니다. 추천에서부터 선정과정, 또는 권위, 질, 자격 등등. 그런데도 한 가지 분명한 것은, 어떤 경우에도 수상자에게 큰 영향을 준다는 점입니다.

내가 현직에 있을 때의 일입니다. 규모가 크지 않은 단위 사무소였기 때문에, 합심만 하면 상대적으로 실적을 올리는 데는 유리했습니다. 그해 초부터 작심하고 전국단위 1등을 목표로 업무를 추진했습니다. 중앙회에서는 각가지 사업에 시상을 걸었습니다. 전 직원이 하나같이 노력한 결과 1등을 7번이나 했고 그 외에도 직원 포상이 열 번이 넘었습니다. 그러다 보니. 해당 분야에서 제일 실적을 올린 직원에게 포상할 수가 없었습니다. 사람마다 능력이 다르고 수완이 다르기에 잘하는 사람은 늘 잘했습니다. 그렇다고 그 직원에게만 상을 몰아 줄 수 없었습니다. 자연히 양보하게 되고 그런 일이 반복되니 거의 전 직원이 수상하는 결과가 되었습니다. 그때 참으로 묘한 현상을 발견하였습니다. 상을 양보받은 직원은 다음에 1등의 성적을 올렸고, 상을 받지 못한 나머지 직원도 더욱 분발하는 모습을 보게 되었습니다. 수상은 나눠 먹기로 했는데 결과는 모두가 수상자의 자격을 갖게 된 것입니다. 상이란 잘한 일을 격려하고 칭찬하며 장려하기 위해 주는 물질적 표현입니다. 이것이 상의 효과요 목적입니다.

얼마 전 내가 참여하고 있는 단체에서 회원의 수상 문제로 논란이 된 일이 있었습니다. 요지는 공인된 단체나 지명도가 있는 기관에서 주는 상이 아니어서 자존심과 명예가 실추되었다는 내용이었습니다. 그 글을 읽으며 수상자는 얼마나 큰 충격을 받았을까 생각하니 아찔한 기분이 들었습니다. 추천인도 문단의 굵직한 직함을 가지고 있는 분이었습니다. 그의 기분은 어떨까도 생각해 보았습니다. 단체의 목적 어디에도 수상으로 인한 피해를 언급하지 않았습니다. 오히려 축하해 주고 격려해 주어야 마땅한 일이었습니다.

언젠가 문단의 원로 한 분이 지나가는 말로 경력이 십여 년이 지나도록 상하나 받지 못한 사람을 보면, 술 한잔 사지 않는 인색한 사람 같다고. 상 받고 싶어서 누구에게 부탁한 적도 없고 술 한잔 사지 않았으니 꼭 나를 보고 하는 소리 같아서 씁쓸했습니다. 어찌어찌해서 두어 번 상을 받았으니 주신

단체에 감사할 뿐입니다.

　소설집을 보내고 나서도 마음이 개운하지 않습니다. 나 역시 바로 같은 주체로부터 받게 되는 상이기 때문입니다. 하지만, 마음을 돌렸습니다. '복잡하게 생각할 것 없다. 잘해서 주는 상도 있고 잘하라고 주는 상도 있다. 고맙게 받는 것도 예의 중 예의다. 주는 사람은 줄 만하니까 주는 것이고 받는 사람도 받을만하니까 받는 것이다'라고.

(2021.4.10.)

세 가지 질문

30여 년 전, S 농협 주부대학에서 S 성당 주임 신부님을 초청 강사로 모신 적이 있습니다. 그때 신부님은 학생들에게 세 가지 질문을 칠판에 써 놓았습니다.

첫 번째 질문은 '가장 중요한 때는 언제입니까?'였습니다. 다양한 대답이 돌아왔습니다. 그중에서 제일 많은 답은 아침 또는 새벽이었습니다. 가족과 함께 있을 때라는 답도 있었고, 정초라는 답도 있었습니다. 웬수가 밖으로 나갔을 때가 제일 소중한 때라는 대답도 있었습니다. 자기 혼자만의 시간을 갖게 되기 때문이라 해서 강당이 떠나가도록 폭소가 터졌습니다. 신부님은 나오는 답을 모두 칠판에 써 놓았습니다.

신부님은 웃음소리가 끝난 후 두 번째 질문을 칠판에 써 놓았습니다. '가장 중요한 사람은 누구입니까?' 이때도 다양한 대답이 나왔습니다. 가장 많은 답은 가족, 또는 자녀였습니다. 남편을 웬수라고 불렀던 학생이 또 "웬수요! 웬수!"라고 소리쳐서 또다시 웃음바다를 만들어놨습니다.

신부님은 다시 '가장 중요한 일을 무엇입니까?'라고 썼습니다. 이때도 여러 가지 답이 나왔습니다. 누군가 '밤일'이라고 대답하자 칠판에 쓰기를 머뭇거린 신부님의 모습을 보고 배꼽을 쥐고 웃었던 기억이 지금도 생생합니다.

신부님은 문제 밑에 써 놓았던 답을 모두 지우고 차례로 이렇게 써 놓았습니다. 첫째 문제 아래에 '가장 중요한 때는 지금입니다.' 그리고 두 번째 문제 아래엔 '가장 중요한 사람은 지금 내 곁에 있는 바로 그 사람입니다.' 마지막 질문 밑에 '가장 중요한 일은 지금 내 곁에 있는 그 사람에게 정성을 다해 사랑을 베푸는 일입니다.'라고 썼습니다. 그리고 돌아서서 신부님은 지금까지와는 다른 낯빛으로 진지하게 하나하나 설명해 나갔습니다. 나는 그때 이후로 늘 이 세 가지 말을 잊지 않고 살았습니다. 사람이 살다 보면 정말 소중한 때가 많습니다. 그러나 그 소중한 때도 지금 그 시간이 만들어 낸 결과물일 뿐입니다. 왜냐하면 사람이 지배하고 사용할 수 있는 시간은 지금이기 때문입니다. 지금이라는 시간을 허투루 사용하지 않고 보람 있는 시간으로 만든다면 그의 일생 또한 후회 없는 삶을 살아갈 수 있을 것입니다. 또한 가장 소중한 사람 역시 현재 내 앞에 있는 바로 그 사람일 것입니다. 그는 사랑하는 가족일 수도 있고, 친구일 수도 있고 사업상 만나는 고

객일 수도 있습니다. 때로는 나의 적일 수도 있습니다. 그러나 어느 사람을 만나던 현재 나와 마주하고 있는 사람을 소홀히 해서는 결코 성공한 인생을 살 수 없을 것입니다. 세 번째 질문에 대한 답변 역시 대단히 중요한 삶의 지혜라 생각합니다. 지금 상대하고 있는 사람에게 정성을 다해 선을 베푸는 일로 인해 실패가 성공으로 변할 수 있고 절망을 희망으로 바꿀 수 있기 때문입니다.

그날 신부님이 하신 강의는 톨스토이의 단편소설 '세 가지 질문'을 주제로 한 내용이었습니다. 나는 그날 신부님 강의를 들은 이후 이 세 가지 질문을 끊임없이 생각하며 살았습니다. 그렇게 살려고 노력해 왔으며 이는 내 삶에 큰 힘이 되었습니다.

내 졸시(拙詩) 가운데 나이테란 시가 있습니다.

산다는 게 별거던가/ 나이테처럼/ 나이테처럼/ 그리움을 만드는 게지// 생각 없이 말하고,/ 웃고, 떠들던/ 하찮은 일상들이/ 그저 그런 것들이// 세월 주름진 후/ 포개진 기억들/ 도렷이 남아 있는/ 나이테처럼/ 그때 그런 것들이/ 모두 그리움이라는 걸.

날마다 겪는 모든 일상사가, 그것이 크든 작든, 세월이 지나면 그리움이 됩니다. 기쁨뿐만 아니라 슬픔까지도, 세월이 가면 나이테처럼 우리의 기억에 새겨집니다. 나와 함께 했던 시간, 사람, 그리고 일상들, 어느 것 한 가지도 소중하지 않은 것이 없습니다.

그날 이후로 나에게 묻고 답하는 말이 있습니다. 성공한 삶을 살고 싶다면, 세 가지를 물어라. 그리고 답하라. 언제가 제일 중요하지? 지금이다. 제일 중요한 사람은 누구지? 바로 곁에 있는 사람이다. 가장 중요한 일은 무어지? 앞에 있는 사람에게 최선을 다하는 일이다.

(2021.4.30)

돌탑 쌓기

　5월은 5월 5일 어린이날, 5월 8일 어버이날, 5월 15일 스승의 날, 5월 18일 성년의 날, 5월 21일은 부부의 날로 5월의 달력은 온통 가정과 연관되는 날로 가득합니다. 말 그대로 가정의 달입니다.

　때마침 배우 윤여정씨가 한국인 최초로 미국 최고 권위 아카데미(오스카)상인 여우 조연상을 받았습니다. 그가 출연한 '미나리'는 미국 이민 가족의 따뜻한 이야기를 담은 영화입니다. 가정은 사회조직의 뿌리이자 소중한 삶의 터전입니다. 새삼 가정이 무엇인가를 깨우쳐주고 가족의 소중함을 생각하게 하는 영화입니다.

　가정은 한 가족으로 이루어진 공동체입니다. 시대가 바뀌어서 가정의 형태도 많이 변했습니다. 대가족 가정에서 핵가족 가정으로 바뀌었고 다문화 가정도 보편화가 되어가고 있습니다. 가정의 가치 기준과 의식 수준도 많이 달라졌습니다. 이제는 서로 바빠 얼굴조차 보기 힘들고, 가족끼리 함께 모여 식사하고 이야기를 나누기도 쉽지 않습니다. 그러다 보니 유대감도 엷어지고 생활 방식도 제각각이 되었습니다. 그러나 여전히 가정은 한 가족의 공동체이며 가정을 이루는 요소는 가족입니다. 그러므로 가정은 가족 구성원 모두 행복이라는 공통 목표를 가질 수밖에 없습니다.

내가 어렸을 때는 대가족 가정이었습니다. 그러므로 반드시 가정에는 질서가 있어야 했고 그 중심에는 가장(家長)이 있었습니다. 가장은 할아버지나 아버지였습니다. 모든 의사 결정권은 가장에게 있었고 그 권위도 절대적이었습니다. 가족 간 무슨 다툼이나 갈등이 있다가도 가장의 기침 소리 하나로 해결되었습니다. 당시는 대부분 의식주 문제의 해결, 생존 자체가 행복의 기준이었습니다. 어린이들은 커다란 양푼이 공동 밥그릇이었습니다. 거기서 우애가 싹 텄고 양보와 공동 생활의 기초를 배웠습니다. 요즘 정치권에서는 가족법을 개정하려는 움직임이 있습니다. 일부에서는 가족 제도를 해체하려는 의도가 있다고 우려하고 있습니다. 불합리한 건 바로 잡아야 하겠지만, 조상 대대로 내려오는 미풍양속을 보존하는 일도 중요합니다.

이제는 핵가족 시대가 되었습니다. 심하게 말해서 가정의 붕괴 시대가 되었습니다. 일인 가족 시대, 나 홀로 가족 시대가 점점 늘고 있습니다. 인간은 사회적 동물입니다. 인류 최초의 가정도 아담과 하와로부터 시작되었습니다. 창조주는 아담을 지으신 후에 사람이 혼자 사는 것이 좋지 아니하니 그를 위하여 배필을 지으리라 하시며 아담의 갈빗대 하나를 취하여 하와를 만드시고 아담에게 가정을 꾸리게 하셨습니다. 창조주의 뜻에 반하여 산다는 게 얼마나 불행한 일인가요?

혹자는 말합니다. 가족 제도의 해체가 개인의 행복과 자유를 준다고. 정말 그럴까요? 아무리 개인의 자유를 행복의 우선 요소라 쳐도 그보다 못지않게 행복을 위협하는 요소는 바로 외로움과 고독이란 복병입니다. 고독은 죽음에 이르는 병이라 했습니다. 고독사가 점점 늘어나고 있습니다. 사랑은 더 많은 자유와 행복을 만들어 준다는 사실을 잊어서는 안 됩니다.

행복한 가정을 이루기 위해서는 이해와 사랑이 필요합니다. 성경에도 사랑은 오래 참고 온유하며 시기하지 않고 자랑하지 않고 성내지 않는다고 했습니다. 믿음, 소망, 사랑 가운데 제일이 사랑이라 하였습니다. 서로 이해하고 존중하여 가정이란 공동체를 지켜야 합니다. 사랑으로 화합하여 가족 모두 하나가 되어야 합니다.

나는 가정을 돌탑을 쌓기라고 생각했습니다. 가족 구성원 각자의 취향과 생각과 주장을 조화롭게 승화하여 가정이란 돌탑을 쌓는 것입니다.

모나게 태어나서/ 모난 대로 살다가/ 둥근 돌처럼 살고 싶어/모난 돌끼리 모여 돌탑을 쌓았다// 그대와 나/ 아직도 깎이지 않은/ 모서리끼리 맞닿을 때마다 아파도/ 가정이란 예쁜 돌탑 쌓아/ 반백 년 살아왔다// 함께 산다는 건 돌탑을 쌓는 일이다/큰 돌, 작은 돌, 세모 돌, 네모 돌/ 모난 돌끼리 어우러져/ 둥글고 멋진 돌탑을 만드는 일이다// 너의 모서리에/내 모서리를 대주마/ 하여, 각진 모습 서로 보듬어/ 사랑으로 믿음으로/ 둥글게 쌓아보자.

졸작(拙作) 돌탑 쌓기란 시입니다. 각자의 개성을 존중하고 서로 보듬다 보면, 모난 돌도 둥근 돌탑이 되듯이 가정도 행복하고 멋진 돌탑이 될 것입니다.

(2021.5.2.)

정체성의 혼란

세상이 변해도 너무 빨리 변합니다. 우리 같은 세대는 따라 가기가 버겁습니다. 옳고 그름의 기준도 시대에 따라 변합니다. 가치관도 변하고 정체성마저 모호해집니다. 기존에 존재하던 단어의 의미와 이미지조차도 시대에 따라 전혀 다른 형태로 다가옵니다.

엊그제 손자가 논산 훈련소에 가서 단기 훈련을 받고 왔습니다. 어렵더냐고 물었더니 재미났다고 했습니다. '훈련병 말 안 듣는다.'라는 제목에 '일과 시간 생활관에 들어가도 훈련 병들 누워 있는 채 떠들어' 신문에 난 기사가 조금은 과장되지 않았나 했는데 손자 말을 들어보니 전혀 과장이 아니었습니다. 조교들이 반말은커녕 깍듯한 존댓말을 하고 훈련병들 눈치 보는 것 같더라고 했습니다.

훈련소 조교. 우린 그들이 저승사자였습니다. 그들의 모습만 비쳐도 온몸이 굳을 만큼 두려운 존재였습니다. 그뿐만 아니라 자대 배치 후에도 선임들의 기합은 가히 고문 수준이었습니다. 하루라도 맞지 않으면 잠을 편히 잘 수 없던 때도 있었습니다. 그런데도 전우애가 넘쳐났던 건 웬일일까요? 그렇게 혹독한 3년간의 군대 생활이 사회에 나와서 웬만한 시련은 능히 극복할 수 있는 자양분이 되었습니다. 그렇다고 옛날 방식의 군대 생활이 꼭 좋다고만은 할 수 없지 않나 싶습니다. 지금은 총칼 들고 하는 전쟁보다는 미사일과 전자 장비로 하는 전쟁입니다. 하지만, 상명하복의 군대가 규율이 무너지고 군기가 실종된다면 어떻게 전쟁에서 승리할 수 있겠나요? 글쎄, 참 헷갈립니다.

며칠 전, 한 회사원이 지하철에서 불법 촬영을 하던 '몰카범'을 지하철 직원과 합세하여 붙잡아 경찰서에 인계하고 집에 와서 아내에게 이야기했더니 칭찬은커녕 그런 위험한 짓은 왜 했느냐며 울고불고 난리가 났다고 했습니다. 장인 장모에게까지 알려서 무슨 알량한 정의감에 그딴 짓을 하냐며 꾸중을 들었다고 했습니다. 심지어 옆에서 사람이 죽어 나가도 모른 척해야 한다며 애들만 아니었어도 이런 무책임한 사람이랑 당장 갈라서게 했을 것이라는 말도 들었다고 했습니다. 그는 눈앞에서 그런 일이 벌어지는 걸 보고도 그냥 못 본 척하고 넘어가는 게 두 아이를 키우는 아빠로서 옳은 행동이었을까요? 내가 죄인인가요? 라고 물었습니다. 보복이 두려워 불의를 보고 참는 세상은 정의로운 사회가 아닙니다. 내가 피해 당사자라고 해도 그런 생각을 할 수 있을까요? 어른들은 젊은이들의 잘못을 보면 훈계하고 바른길로 인도해야 합니다. 그런데도 보복이 두려워 못 본척합니다. 나도 비겁자가 되었습니다. 골목길에서 차를 만나면 내가 먼저 비켜주고 손자뻘 젊은 사람이 담배를 꼬나물고 있어도 모른 척하고 지나갑니다. 시대가 그러려니 하지만, 글쎄, 참 헷갈립니다.

　황혼 이혼이 급증하고 있다고 합니다. 올해 황혼 이혼이 1년 새 17%나 증가했다고 합니다. 살날도 많은데 참지 말자며 20년 이상 지켜온 결혼생활을 끝낸다고 했습니다.
　'귀밑머리 파 뿌리 되도록' 이란 말을 듣고 살았습니다. 응당 그래야 하는 줄 알고 살았습니다. 살다 보면 다툴 때도 있고 미울 때도 있습니다. 아무리 금실 좋은 부부라도 날마다 좋을 수는 없습니다. 속상할 때마다 갈라서면 아마도 수십 번도 더 헤어졌을 터입니다. 그래도 참고 살다 보면 백 년 해로를 하게 됩니다. 혼자 살아봐야 별수 있겠나요? 하지만, 어차피 한 번뿐인 인생인데 라고 하면? 글쎄, 참 헷갈립니다.

　구인 광고를 낸 한 회사의 '가족 같은 회사가 아님, 회식 없음'이라는 문구가 폭발적 반응을 얻었다고 합니다. 청년세대는 '가족 같은 회사, 가족 같은 분위기'라는 말에서 공과 사가 선명하지 않아 생기는 불편함과 부당함을 느낀다고 합니다. 가정이 얼마나 포근한 보금자리인가요? 직장이 가정만 같았으면 그곳이 천국 아닐까요? 그런데 그 분위기가 오히려 불편하다고 합니다. 요즘 젊은이들은 동료 간 유대보다 퇴근 후의 자유시간이 더 소중하다는 겁니다. 글쎄, 참 헷갈립니다.

(2021.5.29.)

좋은 인연, 좋은 만남

사람은 세상에 태어나는 순간부터 만남이 시작됩니다. 우리는 만남을 인연이라 부릅니다. 이는 내 뜻대로, 내 마음대로 만나는 만남보다는, 알 수 없는 어떤 운명에 의해 만나는 만남이 훨씬 더 많기 때문입니다. 흔히 사람들은 좋은 부모, 좋은 스승, 좋은 배우자를 만나는 걸 만남의 3대 행운이라 합니다. 그러나 행운의 만남에는 이들뿐이 아닙니다. 좋은 이웃을 만나는 것, 좋은 친구를 만나는 것, 좋은 직장을 만나는 것, 심지어 좋은 책을 만남도 행운이라 할 수 있습니다.

지난날을 돌아보니 나는 만남이라는 틀 속에서 보면 참으로 행운이라고 할 수 있습니다. 그중에 제일 좋은 만남이라면 하나님을 만난 일입니다. 온갖 풍랑 속에서도 넘어지지 않고 평안과 소망 속에 살 수 있음은 오로지 하나님을 만난 은혜가 아닐 수 없습니다. 부모님 잘 만나 그 곤궁함 속에서도 배움의 길을 갈 수 있었습니다. 좋은 직장을 만나게 해준 A 선배, 늘 격려해주고 이끌어주신 J 선배. 그 혹독한 IMF 파도에도 살아나 정년 할 수 있도록 배려해 주신 L 조합장님과 만남도 내겐 행운이었습니다. 정년 후에도 나에게는 좋은 만남이 이어졌습니다. 좋은 교회를 만났고 좋은 교우들, 그리고 좋은 목회자들을 만났습니다. 문학을 하면서도 좋은 분들을 만날 수 있었습니다. 창조 문학의 H 총장님. L 박사님. 또 다른 L 교수님. K 회장님 같은 분들이 있었기에 여기까지 오지 않았나 싶습니다. 한 분 한 분 한결같이 고마우신 분들입니다.

살아가면서 좋은 만남을 갖는다는 건 참으로 감사한 일입니다. 삶이 풍요로워지고 행복한 보람을 느끼며 살아갈 수 있습니다. 좋은 인연, 좋은 만남을 만들기 위해서는 상대의 기쁨이 내 기쁨이 될 수 있어야 합니다. 그것이 수준 높은 기쁨입니다. 삶이 윤택해지는 만남입니다. 그러기 위해서는 자기의 희생이 없이는 불가능합니다. 상대방이 없는 것은 채워줄 수 있어야 하고 내 지분을 포기할 수 있어야 좋은 관계를 유지할 수 있는 것입니다. 흔히 손수건 같은 만남을 좋은 만남이라고 합니다. 힘들 때 땀을 닦아 주고 슬플 때 눈물을 닦아 주는 사람. 그런 사람과의 관계가 좋은 만남입니다. 그런가 하면 벌 같은 사람도 있습니다. 필요하면 다가왔다가 자기 볼 일만 보고 떠나가는 사람이 있습니다. 내 욕심을 먼저 내세워 만족을 얻는다면 그건 수준 낮은 기쁨입니다. 비슷한 예로 꽃

송이 같은 만남이 있다고 했습니다. 꽃송이처럼 화려할 때만 좋아하다가 시들면 가차 없이 버리고 떠나가는 그런 만남입니다. 문득 서운한 마음이 들었지만, 내가 부족하니까 떠나겠지 라며 마음을 돌렸습니다.

좋은 만남은 좋은 만남이라고 인식할 때 좋은 만남이 됩니다. 아무리 좋은 사람, 좋은 직장, 좋은 친구를 만났어도 그걸 인식하지 못한다면 아무 소용없는 만남이 되고 맙니다. 아무리 좋은 만남이 있더라도 오랫동안 지속하지 못하면 아쉬움만 남게 됩니다.

사람은 비슷한 사람끼리 어울립니다. 반듯한 사람은 반듯한 사람을 만나 어울리고 요령 좋은 사람을 그런 사람끼리 만나 교류합니다. 이런 걸 유유상종(類類相從)이라 말합니다. 내가 나를 보지 못하거든 내 친구를 봅시다. 거기에 내가 있을 것입니다.

지금 내 곁에 있는 사람을 바라봅시다. 얼마나 소중한 만남인가 알게 될 것입니다. 지금 내 주위에 있는 사람을 둘러봅시다. 얼마나 감사한 만남인가 알게 될 것입니다. 지금 나를 도와주었던 그 사람을 기억해봅시다. 얼마나 고마운 만남인가를 알게 될 것입니다. 멀리 떨어져 있는 사람을 생각해봅시다. 얼마나 그리운 만남인가 알게 될 것입니다. 내가 잊고 있던 그분이 있다면 지금 전화기를 들어보세요. 그간 소원했던 분이 생각나거든 지금 전화를 걸어보세요. 그리고 바로 안부를 물어 관계를 이어갑시다. 하룻밤을 자도 만리장성을 쌓는다는 속담도 있습니다. 얼마나 깊은 관계를 유지하느냐가 중요합니다.

  쇠파리도 천리마 꼬리에 붙으면 천 리를 간다고 했습니다. 굽어지기 쉬운 쑥대는 삼밭 속에서 자라면 저절로 곧아진다는 말도 있습니다. 좋은 인연, 좋은 만남은 나를 풍요롭게 하고 내 삶을 아름답게 합니다. 서로 의지하고 보듬어 행복하고 멋진 삶을 가꾸어갑시다.

(2021.6.7.)

자아실현으로 행복 찾기

오늘날 많은 사람이 행복을 잃어 가고 있습니다. 행복을 찾는 방법도 다양해서 어떤 이는 재물을 탐하고, 어떤 이는 권력을 쫓아다니며 또 다른 사람들은 명예를 추구합니다. 그러나 재벌이라 하여 행복한 삶을 산다고 볼 수 없고 권력의 최정점에 섰던 분들이 비참한 말년을 보내고 온갖 찬사를 받던 분들이 추락하는 모습을 봅니다. 결국, 행복이라는 무지개는 재물도 아니고 권력과 명예도 아니고 그저 행복의 그림자일 뿐이란 사실입니다. 그런데도 많은 사람은 그 그림자를 쫓아가다가 행복을 잃어 갑니다.

주요 종교의 핵심 사상은 사랑(愛), 자비(慈悲), 어짊(仁)입니다. 모두 내가 아닌 다른 사람과의 관계를 나타내는 말입니다. 이들 사상의 기초는 바로 나(我)라는 존재에서 비롯합니다. 어느 누가 말하기를 세상을 바꾸려면 나부터 바꾸라고 했습니다. 그러기에 이런 경지에 도달하려면 끊임없는 자기 변화가 필요합니다. 이런 측면에서 나는 성경에 나오는 베드로의 말씀을 소개하고 싶습니다. 베드로는 예수의 열두 제자 중의 한 사람으로 B.C 65년경 네로 황제에 의해 순교 당한 사람입니다. 그는 베드로 후서에서 이렇게 가르치고 있습니다.

'너희가 더욱 힘써 너희 믿음에 덕을, 덕에 지식을, 지식에 절제를, 절제에 인내를, 인내에 경건을, 경건에 형제 우애를, 형제 우애에 사랑을 더하라.'

믿음은 비종교인에게는 신념일 수도 있겠고 또는 가치관일 수도 있을 것입니다. 여기서 믿음은 뿌리입니다. 뿌리가 견실해야 나무가 흔들리지 않습니다. 그는 믿음 위에 덕을 더하라 했습니다. 이는 매우 중요합니다. 아무리 자기 종교나 신념이 소중하다 해도 다른 종교나 이견이 있는 다른 사람을 무시하거나 폄하(貶下)하지 말아야 할 것입니다. 바로 그것이 덕(德)입니다. 덕은 꽃과 같습니다. 꽃은 자신을 자랑하지도 않고 남을 미워하거나 시기하지 않습니다. 그저 묵묵히 자기의 아름다움과 향기를 지킬 뿐입니다. 덕은 마치 바람과도 같습니다. 그물에 걸리지도 않고 자기의 갈 길을 갑니다. 베드로는 여기에 지식을 더하라 했습니다. 지식은 신을 알고 세상을 아는 힘입니다. 지식은 마치 깡통과도 같습니다. 빈 깡통이 요란하다는 속담도 있지만, 이는 꼭 맞는 말은 아닙니다. 오히려 아무것도 들어 있지 않거나 꽉 채워 있으면 소리가 나지 않습니다. 정작 요란한 소리를 내는 건 무엇이 조금 들어 있을 때입니다. 아무것도 모르거나 많이 아는 사람은 아무 말이 없습니다. 무엇을 조금 아는 사람이 세상을 시끄럽게 합니다. 그러기에 제일 위험한 사람이 책 한 권 읽은 사람이라 합니다. 베드로는 지식에 절제(節制)를 더하라 했습니다. 절제는 브레이크와 같습니다. 자동차가 앞으로 가는 기능만 있다면 얼마나 위험하겠습니까? 넘치면 부족함만 못하다는 말이 있습니다. 다음으로 절제 위에 인내를 더하라 했습니다. 절제하려면 그야말로 인내가 필요합니다. 아무리 화가 나도 마지막 한마디는 남겨둬야 합니다. 벼랑 끝에 서도 두세 발자국 앞에 멈춰야 합니다. 용광로나 풀무 불에 들어 있는 쇠는 더 단단하기 위해 견디는 것입니다. 다시 베드로는 인내 위에 경건을 더하라 했습니다. 경건은 그림이나 사진 같은 모양만 있어서는 안 됩니다. 경건은 타인에게 선한 영향력을 끼쳐야 비로소 그 능력이 나타나게 됩니다. 여기에 베드로는 형제 우애를 더하라 했습니다. 먹을 것이 없는 사람도 딱하지만 먹을 것이 있는데도 이가 없어 못 먹으면 더 딱합니다. 사랑할 형제가 없는 사람도 딱하지만, 형제가 있어도 우애하지 못하다면 더 딱합니다. 여기까지 도달해야 비로소 사랑이 완성된다는 것입니다.

미국의 심리학자 매슬로우에 의하면 인간의 욕구 중에 마지막 단계는 자아실현이라 했습니다. 이는 자신이 정말 하고 싶은 일을 하고 싶을 때 진정한 만족을 얻는다는 것입니다. 나를 채워 행복을 얻는 방법은 한계가 있습니다. 나를 비워 남을 채워 얻는 행복은 한계가 없습니다. 베드로가 말하는 사랑은 바로 자아실현 단계일 것입니다. 받는 기쁨보다 주는 기쁨이 더 크다 했습니다. 코로나19로 힘든 세월을 헤쳐가는 지금, 행복을 잃어 가는 이 시대에 진정한 자아실현으로 행복을 되찾아봄은 어떨까요?

(2021.7.21.)

멋진 노년 살아가기

사람은 누구나 나이를 먹습니다. 아무도 세월을 피해 갈 수는 없습니다. '나이가 들면서 찾아오는 최초의 병은 고독이다.'라는 앙드레 모아의 말처럼 노인들은 한 사람 한 사람 친구를 잃고 마지막에는 모두를 잃어버립니다. 그러나 이 모든 것을 잃기 전에 먼저 찾아오는 것이 있으니 바로 고독입니다. 스스로 고독의 사막 속에 묻히게 됩니다. 덴마크 철학자 키엘케골은 고독은 죽음에 이르는 병이라 했습니다. 젊어서는 함께 어울려 즐거움을 찾습니다. 그러나 노년의 시간엔 함께 할 친구가 없습니다. 그러면 어쩔 것일까요? 스스로 즐기기를 준비해야 합니다. 혼자 사는 법을 배워야 합니다.

요즘은 지방자치단체에서 평생 교육을 위해 많은 프로그램을 준비하여 배움의 터전을 마련해주고 있습니다. 문화원, 도서관 평생학습관 등 마음만 먹으면 어디든지 찾아가서 마음껏 배울 수 있습니다. 참여자들의 면면을 보면 의외로 연세가 많으신 분들을 뵙게 됩니다. 팔십을 넘기신 분들도 의욕적으로 참여하십니다. 평생 농사일만 하시며 시부모를 정성껏 모시다가 시부모가 돌아가신 후에 복지관에 가서 시 창작을 공부하여 고희에 시집을 세 권이나 내신 분도 있습니다. 그분은 젊은 사람들 틈에 끼어 요양보호사 자격증 시험공부를 하더니 당당히 합격하여 자격증도 얻었습니다. 지금은 동양화 공부를 하고 있습니다. 요리사 자격증도 얻고 싶고 바리스타 자격증도 얻고 싶다 했습니다. 하고 싶은 일도 많은데 시간이 없는 걸 안타까워했습니다. 인생 말년에 찬란한 꽃을 피우고 있다는 생각이 듭니다. 참으로 멋진 노년을 살아갑니다.

누군가 '인생은 60부터'라고 했습니다. 내 인생 역시 60부터였습니다. 젊어서 친구들과 어울리기를 좋아해서 함께하는 놀이를 즐겨 했습니다. 그러다가 정년을 앞둔 어느 순간, '나이가 들면 혼자 될 수밖에 없겠다.'라는 생각이 들었습니다. 정년하고 이듬해 신학을 공부하여 이제는 목사로 조그만 개척교회를 섬기고 있습니다. 문학도 정년 후에 시작하였습니다. 체계_적으로 문학을 배우지는 못했지만, 각종 서적을 통해 문학을 공부했습니다. 그 결과 자유 시집 3권, 신앙시집 1권, 시조집 2권, 그리고 소설집 2권을 내었습니다. 각종 문학단체에 들어가 활동하고 서산 문인협회 지부장도 맡아 봤습니다. 틈틈이 하모니카를 연주하였으며 아코디언, 오카리나,

소형 전자 오르간도 준비하여 시간 나는 대로 연습하고 필요할 땐 남 앞에서 연주하기도 합니다. 올해 들어서는 하나 더 욕심을 내어 주간 보호 센터와 지역아동센터에 가서 문학 강의도 하고 있습니다. 내가 가진 재능을 나누는 것도 즐거움의 하나입니다.

고독의 늪 속에 빠지지 않기 위해서는 종교를 가지기를 권하고 싶습니다. 신앙은 인간이 아닌 신을 의지하게 됩니다. 인간 대신 신과 대화하다 보면 또 다른 즐거움과 기쁨을 느낄 수 있습니다. 명상도 또 다른 자기를 만날 수 있습니다. 다음으로 취미를 갖는 것입니다. 꽃을 키운다는지 독서를 한다든지, 또는 악기를 연주하는 것 등입니다. 악기를 연주하기에는 다소 노력과 돈이 필요하지만, 일단 익혀두면 자기만의 즐거운 시간을 만들 수 있습니다.

멋진 미래를 만들기 위해서는 끊임없이 배워야 합니다. 시대를 완전히 따라갈 수는 없을지라도 무엇이든 시대와 함께 하려는 노력이 필요합니다. 특히 스마트 폰과 컴퓨터는 어느 정도 할 수 있어야 현재와 소통하며 살 수 있습니다. 흔히 나이가 들면 '이 나이에'라고 포기부터 합니다. 그러나 배움에는 나이가 따로 없습니다. 공부에는 연령 제한도 없습니다. 하나하나 알아가는 기쁨은 오히려 노년의 때에 즐거움의 참 맛을 알게 됩니다.

하나 더 욕심을 낸다면 봉사를 권하고 싶습니다. 노년이 되면 오히려 봉사할 거리가 많습니다. 젊은 사람들이 하기에 마땅하지 않은 일을 노년에는 기꺼이 할 수 있습니다. 길거리에 널려있는 휴지를 줍는다든지 화장실 청소라든지 하는 것은 젊은이들에게 맡기는 건 옳지 않습니다. 젊은이는 젊은이들대로 좀 더 생산적인 곳에 투자해야 하고, 노년은 노년에 걸맞은 일들을 찾으면 됩니다. 무언가 내가 할 수 있는 것들을 남에게 베풀며 산다는 건 정말 멋진 노년의 삶이 될 것입니다. 이렇게 살면 고독은 저 멀리 달아나고 보람차고 행복한 하루하루가 될 것입니다.

(2021.7.27.)

자살은 병이다

지난해 우리나라에서 하루 평균 43.6명이 스스로 목숨을 끊었다고 합니다. OECD 국가 중에 자살률이 9년째 1위를 기록하고 있다는 소식입니다. 참으로 안타까운 일이 아닐 수 없습니다. 더구나 지금 우리는 코로나19로 전 국민이 경제적 고통과 수반되는 우울증과 스트레스를 받고 있습니다. 지난해에도 유명 인사의 자살로 온 나라가 충격에 빠졌습니다. 보궐선거로 인한 사회적 비용도 비용이지만 일반 국민에게 준 영향 또한 만만하지 않았습니다. 그런데 놀라운 건 그분이 자살한 동기와 원인만 논란거리가 되었을 뿐 정작 자살에 관한 문제의 언급은 어느 매체도 없었습니다. 어느 사이에 자살은 교통사고처럼 일반화된 관념으로 우리의 의식 속에 자리 잡고 있지는 않았는지 염려가 됩니다.

다소 오래된 통계이긴 하지만, 국민 건강 보험공단이 발표한 2015년 통계에 의하면 자살로 인한 사회적 손실은 당시 연간 6조 원이 넘는다고 했습니다. 아마도 현재엔 더 큰 손실이 발생 되리라 짐작합니다. 이제 자살은 더는 개인의 문제가 아니라 사회 문제로 대두되었습니다. 이에 정부에서도 자살의 심각성을 인식하여 2016년에 자살 예방법을 제정하기에 이르렀습니다. 우리나라의 자살 문제가 일본보다 훨씬 심각한 데도 불구하고 자살 관련 예산을 보면 2012년부터 2016년 사이에 일본은 2조2,281억 원인데 비해 한국은 겨우 318억 원이라 했습니다(세계일보 2017.5.21.). 2018년 문재인 정부는 '자살예방 국가 행동계획'을 발표해 2022년까지 자살률을 17.0명까지 줄이겠다는 목표를 세워 놓고 관련 예산을 168억 원을 배정했으나 일본은 7.900억 원으로 무려 한국의 47배나 많이 배정했다고 합니다(다음 인터넷 '자살은 사회적 타살이다'에서).

　나는 10여 년 전에 태안 장로교회 남제현 원로 목사님의 권유를 받아 한국 상담 교육원에서 교육을 받고 동 교육원에서 실시하는 자살 방지 교육사 자격을 얻었습니다. 그 후로 목사님이 주최하는 모임에 몇 번 참석하기는 했지만, 홍보가 부족해서인지는 몰라도 지금까지 아무런 활동을 하지 못했습니다. 그때 인식했던 여러 가지 문제점들이 선진국의 지위를 획득한 지금에도 여전히 존재하며 오히려 더 심각해진 듯합니다. 이제는 국가 차원뿐만 아니라 각 기관 또는 지방자치단체도 다 함께 적극적으로 대처해 나가지 않으면 안 될 시점에

와 있습니다.

　과거 우리나라가 경제적으로 빈곤에 처해있을 때는 강한 삶에 대한 열정을 가지고 살았습니다. 그러나 지금은 경제적 풍요와 온갖 첨단 산업의 혜택을 누리면서도 생명 경시의 풍조가 만연합니다. 어째서 유독 우리나라가 이런 자살률 세계 1위라는 불명예를 안게 되었을까요? 어느 사람은 우리나라 국민은 남의 시선을 지나치게 의식하기 때문이라고 했습니다. 평판과 체면을 지나치게 중요시하기 때문에 그것에 손상을 입었을 때 자살 충동을 일으킨다는 것입니다. 두 번째로 꼽는 원인은 빨리 빨리라는 한국인의 습성 때문이라고 했습니다. 쉽사리 성취하지 못하면 좌절감을 느끼고 특유의 급한 성격으로 인해 자살률이 높다고 했습니다. 나도 이런 지적에 공감하지만, 내가 느끼는 원인은, 허울에 속고 살기 때문이 아닌가 싶습니다. 우리는 돈의 허울, 권력의 허울, 명예의 허울, 인기의 허울을 뒤집어쓰고 삽니다. 돈이나 권력, 명예나 인기는 영원하지도 않고 참 행복도 아닙니다. 어느 날 그 허울이 벗겨지는 날 인간관계의 단절과 이기적 삶을 더는 견디지 못하고 비겁하게 자살로 포장합니다. 우리는 이 세상에 빈손으로 왔다가 빈손으로 갑니다. 중도에 스스로 포기하는 것은, 생에 대한 모독입니다. 또 하나 자살의 원인은 경제적 빈곤입니다. 이는 생존에 대한 심각한 위험입니다. 제도적인 사회 안전망을 통하여 촘촘히 걸러주어 빈곤으로 인한 자살을 방지해야 합니다. 그러나 이보다 더 중요한 건 자살에 관한 사회적 인식의 변화입니다. 자살하고 싶은 마음은 일종의 병입니다. 전염병처럼 유행합니다. 코로나19처럼 사전에 방지해야 합니다. '자살'이란 글자를 뒤집으면 '살자'가 됩니다. 이제 우리나라는 선진국이 되었습니다. 자살 공화국이란 불명예를 벗어버릴 때가 되었습니다. 인간지사 새옹지마란 말도 있습니다. 참고 견디어 새로운 세상을 만들어갑시다.

(2021.8.3.)

아내의 잔소리

　삼인행즉필유아사(三仁行則必有我師)란 공자님 말씀이 있습니다. 세 사람이 길을 가면 반드시 그중에 나의 스승이 있다는 말입니다. 사람이 한세상 살아가다 보면 참으로 많은 스승을 만나게 됩니다. 일생의 운명을 좌우할 참 스승을 만나기도 합니다. 좋은 스승을 만나는 것은 행운이란 말도 있습니다. 그만큼 좋은 스승을 만나는 것이 어렵다는 말도 되겠지만, 따지고 보면 공자님 말씀처럼 나보다 잘하는 것은 그를 배우고. 나보다 못한 것은 그를 보고 반면교사로 삼아 스스로 고쳐가면 그 또한 스승이 되니 세상 어디서나 스승이 있다는 생각도 됩니다. 꼭 사람뿐이겠습니까? 자연이 스승일 수도 있고 책 또한 훌륭한 스승이 되니 가르치는 스승도 스승이려니와 제자 또한 좋은 바탕이 되어야 좋은 제자가 될 수 있을 것입니다.

요즘 선풍적인 인기를 끌고 있는 미스트롯의 국악 신동 열 살배기 김태연 양과 그를 여섯 살 때부터 가르쳤던 명창 박정아 스승과의 마지막 수업이라는 유튜브를 보았습니다. 유방암 4기로 투병 중인 스승과 제자의 그 따뜻한 사제간 사랑을 보며 나도 모르게 뜨거운 눈물이 줄줄 흘러나왔습니다. 그들이 나눈 대화를 하나도 빠뜨리지 않고 그대로 글로 옮겨도 절대로 그 감동은 나타낼 수 없을 것 같습니다. 그들이 나눈, 따뜻하고 애타는 표정을, 그들의 애절하고 간절한 눈빛을 어떻게 글로 표현 할 수 있다는 말인가요?

"참 잘했어. 이렇게 쉬운 말을 그동안 못 해준 게 너무 미안해."

늘 엄한 스승은 꾸짖기만 했던 제자에게 미안해했고.

"다 저 잘되라고 하셨으니 괜찮아요."

제자는 그런 스승을 위로했습니다.

어찌 아홉 살짜리 어린이 입에서 나올 말인가요? 제자를 더는 가르칠 수 없는 절망 앞에 스승은 오열했고, 제자는 터져 나오는 울음을 애써 참으며 언제나 스승 곁에 있겠다고 약속했습니다. 그 스승에 그 제자였습니다. 나는 김태연 양이 부른 '바람길'이라는 노래를 열 번은 더 들으며 쓰다가 접은 「지금 그 사람을 잊었지만」이란 제목의 단편 소설을 다시 쓰기 시작했습니다.

나에게도 좋은 스승이 있었기에 그나마 오늘의 내가 있습니다.

스승은 초등학교 4학년 담임이셨던 한종익 선생님이십니다. 여름 방학 때 내었던 '선생님에게 드리는 편지'란 방학 숙제를 보고 정말 잘 썼다는 그 선생님의 칭찬 한마디가 오늘 나를 글 쓰는 사람으로 이끄셨습니다. 이제는 고인이 되셨지만, 두고두고 잊히지 않는 스승님입니다. 또 한 분은 남제현 목사님이십니다. 목사님은 남에게 듣기 싫은 소리 하시는 걸 나는 한 번도 들은 적이 없습니다. 그 많은 업적과 공로를 한 번도 자랑하지 않으셨습니다. 언제나 겸손과 온화함이 얼굴에 넘쳐났습니다. 구십이 다 되셨어도 지금도 일을 하고 계십니다. 일이 없으면 만들라고 하셨습니다. 나도 그 목사님처럼 되고 싶어 무언가 하려고 노력하고 있지만, 그 목사님의 발꿈치도 따라갈 수 없습니다.

또 한 사람, 빼놓을 수 없는 스승이 있습니다. 바로 아내입니다. 아내는 귀찮고 속상하게 하고 끊임없이 간섭하는 스승입니다. 선생님이나 목사님은 잠시였지만, 아내 스승은 일생을 붙어서 가르치는 스승입니다. 젊어서는 스승이 아니고 그저 동반자였습니다. 연인이고 친구였습니다. 그런데 나이가 들어가며 스승으로 바뀌어 갔습니다. 마흔 살쯤 될 때는 잔소리만 했습니다. 쉰 살 넘어서는 불평하는 소리가 추가되었고, 육십이 넘어서니 잔소리에다 불평에다 지적하는 일까지 겸하는 스승이 되었습니다. 처음에는 더러 부딪혀 보다가 별로 이득이 없어 참았습니다. 참고 살자니 속에서 열불이 솟아올라

맞부딪혀 보았더니 결국 나만 손해를 보았습니다. 그 후로 참고 스승이 가르쳐준 대로 따랐더니 훨씬 마음도 몸도 편해졌습니다. 신발을 얌전하게 벗어 놓아라, 수건 좀 제대로 걸어놔라, 변기를 깨끗하게 써라. 엊그제는 밥 먹는 것까지 지적받았습니다. 다른 사람 보기에 좋지 못하니 제발 마시는 것처럼 하지 말라고 했습니다. 치아가 없어 어쩔 수 없이 그렇게 된다고 말하려다 참았습니다. 이젠 인내가 이력이 났습니다. 생각하면 내 신앙을 이만큼이라도 유지할 수 있었던 것도, 따지고 보면 아내의 잔소리 스승 덕분입니다. 나도 점점 좋은 제자가 되어가는 것 같습니다.

(2021.8.6.)

아직 젊었어! 할 수 있어!

"목사님, 건강 조심하세요. 얼굴이 많이 상했어요. 어제 목사님 설교하시는 모습을 보니 얼굴에 주름도 많이 생긴 것 같았어요. 작년까지는 얼굴에 윤기도 나고 팽팽했는데…"

새벽 기도회를 마치고 교회 문을 나서려는데 담임 목사님이 걱정해주었습니다. 성도들도 걱정한다고 했습니다. 아무 곳도 아픈 데가 없으니 걱정하지 마시라고 했습니다. 고맙고도 감사한 마음이 들었습니다. 누가 이처럼 나의 건강을 걱정해주겠습니까?

집에 돌아와 거울을 들여다보았습니다. 거울에 비친 얼굴을 보니 정말 많이 늙었습니다. 이마의 주름도 더욱더 깊어지고 눈가의 잔주름도 더 많아졌습니다. 얼굴에 윤기도 사라졌습니다. 늙을 때가 되었으니 늙는 게지. 뭐. 독백처럼 뱉었지만, 그다지 기분은 좋은 편이 못 되었습니다.

아무리 아름다운 꽃도 때가 되면 떨어지고, 둥그런 보름달도 세월이 가면 기웁니다. 세상에 늙지 않는 사람은 없습니다. 왕후장상도 피해갈 수 없습니다. 늙으면 서럽습니다. 늙으면 그 많던 친구도 떠나고 노후 대책을 세우지 못한 사람은 가난과 싸워야 합니다. 병고에 시달리고 때때로 엄습해오는 고독과도 씨름해야 합니다. 노인이 되면 할 일도 없고 쳐다보아주는 사람도 없습니다. 문득 김삿갓이 거울에 자기 얼굴을 비춰보고 지었다던 시가 생각났습니다.

백발여비김진사(白髮汝非金進士)/
　　　머리가 하얀 너는 김 진사가 아니냐?
아역청춘여옥인(我亦靑春如玉人)/
　　　나도 한때는 꽃다운 청춘이었다.
주량점대황금진(酒量漸大黃金盡)/
　　　주량은 늘어만 가는데 돈은 떨어져
세사재지백발신(世事纔知白髮新)/
　　　세상사 알만하니 백발이 새롭구나

그러나 늙는다고 반드시 슬퍼할 일만은 아닙니다 오히려 늙어서 좋은 점도 많습니다. 꽃은 비록 아름답지만, 꽃을 버려야 열매를 맺을 수 있습니다. 봄꽃보다 가을 단풍이 더 아름답습니다. 늙는다는 건 추해지는 것이 아니라 성숙하고 아름다워지는 걸 의미합니다. 수백 년 된 소나무가 만고풍상을 겪으면서 그 기품을 자랑하듯 사람도 스스로 갈고 닦으면 멋진 노년의 모습을 보일 것입니다. 늙은이(늘그니)는 '늘 그 자리에 있는 이'라고 하는 글을 본 적이 있습니다. 생각이 그만큼 깊고 많기 때문입니다. 늙어도 낡지 않으면 얼마든지 젊은 삶을 유지할 수 있습니다. 나는 얼마 전에 '젊은 세대와 나누고 싶은 100세 철학자의 인생, 희망 이야기'란 긴 제목의 책을 샀습니다. 102살 연세의 김형석 교수님이 지은 책입니다. 참으로 감명 깊게 읽었습니다. 마치 고목에서 풍기는 향기가 모든 글에서 나는 듯했습니다. 100세를 넘기시고도 이런 글을 쓸 수 있다니 그저 놀라울 뿐이었습니다. 100년이라는 세월을 살아오신 경험에서 우러나오는 예방 접종 같은 말씀들이었습니다.

　사람은 육신이라는 유기체와 정신이라는 영체와 결합 되어 있습니다. 따라서 육신과 정신이 모두 건강해야 정상적인 삶을 유지할 수 있습니다. 육신은 멀쩡해도 정신이 병들면 미친 사람이 되고, 정신은 멀쩡해도 육신이 불구면 장애인이 됩니다. 육신과 더불어 정신도 나이를 먹습니다. 다만, 육신은 나이를 먹는 만큼 늙어가지만, 정신은 육신의 나이를 따라가지 않습니다. 그러므로 애 늙은이가 생기고 늙은 청춘이 존재합니다. 칸트는 '순수이성 비판'을 썼을 때가 70이 넘었었고, 괴

테의 '파우스트'는 그가 80세 때 지었으며, 미켈란젤로가 산타 마리아 성당의 설계를 했을 때가 80을 넘은 노인이었다고 합니다. 나이는 숫자에 불과하다고 누군가 말했습니다. 늙었다고 포기하거나 스스로 무너지지 말아야 합니다.

 나를 돌아보았습니다. 육신은 늙었지만, 정신은 청춘을 달리고 있습니다. 1주일에 두 편의 칼럼을 쓰고, 세 번의 강의를 하고, 세 번의 설교를 하고 있습니다. 오히려 젊었을 때보다 더 정력적으로 일하고 있습니다. 누가 나를 늙었다고 하는가요? 다시 거울을 들여다보았습니다. 거울 보고 말했습니다. "넌 아직 젊었어! 할 수 있어!" 거울이 씩 웃으며 나에게 대답했습니다. "넌, 아직 젊었어. 할 수 있어!"

(2021.8.10.)

항아리 탑에서 배운 교훈

지난 12월, 한 해가 저물어 갈 무렵 절구 집 돌박사 김 선생에게서 연락이 왔습니다. 시비가 세워졌으니 와서 보라는 것이었습니다. 반가운 마음에 달려갔습니다. 해미면 오학리 향교 밑 바로 앞마당, 느티나무 아래 아담하고 깔끔한 돌에 필자의 졸작 '돌탑 쌓기'의 시비가 세워져 있었습니다. 기왕 간 김에 안내해 주는 대로 이곳저곳을 따라다니며 설명을 들었습니다. 이미 기암괴석들을 보아온 터라 처음 보았을 때보다는 감동이 적었으나 오로지 일생을 돌과 함께한 그의 열정과 노력에 다시 한번 경의를 표하지 않을 수 없었습니다. 그의 뒤를 따라다니다가 문득 항아리끼리 포개어 쌓은 항아리 탑을 보았습니다. 항아리끼리 올려놓아 위태롭기 그지없는 항아리 탑. 어떻게 휘몰아치는 바람을 견뎌내었는지 궁금했습니다. 저렇게 위태롭게 올려놨는데 넘어가지 않는 것이 신기하다고 했더니 "둥글기 때문이죠"라는 대답이 돌아왔습니다. 그 말 한마디가 마치 번갯불이 머릿속을 관통하는 듯했습니다. 며칠 전 어느 성도의 말이 가슴에 박혀 욱신거리고 있었습니다. 그 말을 듣는 순간 구름에 가렸던 태양이 불쑥 솟아나는 느낌이 들었습니다. 항아리 탑에 얼마나 모진 비바람이 몰려왔을까요? 부딪고 흔들며 밀어댔을까요? 그래도 끄떡없이 버틸 수 있는 것은 바로 항아리가 받아주지 않았기 때문이었습니다. 둥글어서 비껴갔기 때문이었습니다.

우리는 많은 상처를 받으며 삽니다. 인간은 사회적 동물이라 합니다. 그러므로 상처를 받고 사는 건 어쩌면 당연하고 필연적일지도 모르겠습니다. 그중에 말이 주는 상처가 가장 아프다고 합니다. 말이 입힌 상처는 칼이 입힌 상처보다 깊다는 모로코 속담도 있습니다.

보통 사람은 하루에 5만 마디의 말을 하고 산다는데 어찌 말에 실수가 없겠습니까? 그러기에 야고보 사도는 말에 실수가 없는 사람은 온전한 사람이라고 단정을 지었습니다. 그만큼 말은 상처라는 무기를 항상 품고 있습니다. '상처라는 풀은 친밀감이라는 밭에서 자란다'라는 말처럼 가까운 사이일수록 더욱 상처에 노출되어있습니다.

상처를 받는 것은 다 외부에 있는 듯하지만, 따지고 보면 내 안에 있는 경우가 많습니다. 외부에서는 자료만 제공할 뿐이지 정작 상처는 내 안에서 자랍니다. 내가 어떻게 반응하느냐에 따라 상처의 크기와 길이가 달라집니다. 아무리 태풍이 몰려와도 받아주지 않고 비껴내는 항아리처럼 흘러버리면 상처를 받지 않을 것입니다.

항아리 탑을 보다가 문득 제주도의 돌담이 생각났습니다. 제주도는 태풍의 길목이나 다름없습니다. 그런데도 제주도의 돌담이 모진 태풍에 무너지지 않고 버티는 것은 중간중간에 뚫어 놓은 구멍 때문이라고 했습니다. 마주쳐오는 태풍을 구멍으로 흘려보내기 때문입니다.

물론 인간은 항아리나 제주도의 돌담과는 전혀 다릅니다. 감정이 있고 느낌이 있는 생물입니다. 그러나 상처받지 않는 원리는 같다고 생각합니다.

자존심 상하는 말이나 충고의 말은 대개 귀에 거슬립니다. 양약은 입에 쓰다고 했습니다. 충고의 말은 어느 것이든 감사하게 생각하여 나를 돌아보고 고쳐야 합니다. 외모를 고치려면 거울을 보아야 하듯 가까운 사람의 충고는 마음의 거울일 수 있습니다. 자존심 상하는 말엔 애초부터 항아리처럼 돌담의 구멍처럼 무시하고 흘려보내야 합니다. "내가 뭐 그렇게 잘났던가"라고 생각하면 그렇게 상처받을 일도 없습니다. 다저 잘난 맛에 삽니다. 그는 벌써 잊었을 말을 나 혼자 끌어안고 마음 상한다면 얼마나 어리석은 일인가요?

상처를 받지 않는 것도 중요하지만 상처를 주지 않는 것도 그에 못지않게 중요합니다. 살다 보면 나도 남에게 상처를 줍니다. 다만, 그걸 인식하지 않고 살아갈 뿐입니다. 말은 마음에서 나옵니다. 철학자 하이데거는 "언어는 존재의 집이다. 언어의 주택 속에서 인간은 산다"라고 했습니다. 무엇보다도 마음을 바르고 따뜻하게 해야 합니다. 감정에 동요되어 의도되지 않은 말을 하지 않도록 조심해야 합니다. 타인에게 실수했을 때 지체 말고 바로 사과하는 것도 상처를 주지 않는 방법입니다. 가까운 사이일수록 비판적인 말을 삼가야 합니다. 돈을 주고도 살 수 없는 것이 인간관계입니다. 항아리 탑을 보며 상처받지 않는 법을 배웠습니다.

(2023.2.18.)

공처가

　세월이 빠르다는 건 살아본 사람은 다 압니다. 벌써 아내와 산 세월이 50년이나 되었습니다. 어느 사람들은 금혼식이다 뭐다 해서 요란스레 축하해주고 받기도 하더라 마는 우린 그저 결혼기념일 날, 케이크 하나 차려 놓고 아이들과 아침 한 끼 먹었습니다. 생각하면 참 감사한 일입니다. 50년을 무탈하게 살았다는 사실만으로도 감사한 일입니다. 사실 두 몸이 한 몸으로 산다는 건 그리 쉬운 일은 아닙니다. 애초에 사랑이란 힘으로 두 몸이 한 몸 되었지만, 사랑이란 원심력이 느슨해지면 회귀본능이 작용하여, 한 몸의 관계가 위협받게 됩니다. 하지만, 부부가 꼭 사랑으로만 엮어지는 건 아닙니다. 속담에 젊어서는 사랑으로 살고 늙어서는 정으로 산다고 했습니다. 요즘에는 '정(情) 대신에 돈으로 산다'라고 하니. 정도 없고 돈도 없는 사람은 무엇으로 살아야 하나요?

엊그제 조선일보에 '조선의 공처가'란 재미난 기사가 났습니다. 소위 삼강오륜의 예법이 칼날 같았던 조선 시대의 양반 사회에 어떻게 공처가가 있었나 싶어 읽어봤더니 그때나 지금이나 다 사람 사는 세상은 엇비슷하다는 생각이 들었습니다. 이조 좌랑을 지낸 이문건은 바람피우다가 아내에게 들켜 방 자리와 베개 등이 칼로 찢기고 불에 태워졌다고 합니다. 거기다가 두 끼나 밥을 굶겼다고 하니 참으로 두려운 아내가 아닐 수 없습니다. 그런가 하면 영의정까지 지낸 홍언필은 처가의 권세에 눌려 아내의 세력 앞에 꼼짝 못 하고 지냈다고 합니다. 신혼 시절 남편에게 손을 잡힌 여종의 손가락을 잘라 남편에게 보냈다고 합니다. 남편 수염도 잡아 뜯었다고 하니 영의정의 체면도 부인 앞에는 한 가닥 개털뿐인 것 같습니다. 그 외에도 독수공방에 의처증까지 있는 부인 때문에 군수 자리를 파직당한 홍태손이나 신사임당의 남편 이원수 이야기, 자발적 공처가가 된 유희춘 이야기도 있었습니다.

중국에서도 유명한 공처가가 있었고 합니다. 춘추 전국시대 전제란 왕은 여러 사람과 싸움을 하다가도 부인 말 한마디면 얌전하게 집으로 돌아갔다는 이야기로부터 수나라 문제는 독고 왕후에게 꼼짝 못 했다는 일화도 있습니다.

어째서 공처가가 생기는 걸까요? 청나라 때 소설 『팔동천(八洞天)』에는 이렇게 나와 있다고 합니다. 부인을 두려워하는 것은 세 가지인데, 세력을 두려워하는 것(勢怕), 이치를 두려워하는 것(理怕), 정을 두려워하는 것(情怕)이라 했습니다.

'세파(勢怕)'에는 세 가지가 있는데 (1) 처의 문벌을 두려워하는 것, (2) 처의 재물이 많음을 두려워하는 것, (3) 처의 사나움으로 인한 경우가 있습니다.

'이파(理怕)'에도 세 가지가 있는데 (1) 처의 현숙함을 공경하는 것, (2) 처의 재주에 굴복하는 것, (3) 처의 힘든 점을 헤아리는 것이라 했습니다.

'정파(情怕)'에도 세 가지가 있는데 (1) 처의 아름다움을 사랑하기 때문, (2) 처의 나이 어림을 생각하기 때문, (3) 처의 교태를 못 이기기 때문이라고 했습니다.

쉽게 말하면 능력이나 지위가 낮은 데서 오는 두려움, 스스로 모자란다고 부끄러워하는 데서 오는 두려움, 사랑하는 데서 오는 두려움이라 하겠습니다.

세상에는 어찌 애처가, 공처가만 있겠습니까? 아내를 받들어 사는 경처가(敬妻家)도 있고 어쩌지 못해 의무적으로 사는 무처가(務妻家)도 있을 것입니다. 지난 오십 년의 세월, 나는 과연 어떤 유형일까를 생각해 봅니다. 애처가일까? 아니면 공처가일까? 그도 아니면 경처가일까? 무처가일까? 이리저리 갖다 대봐도 어느 것 한 가지도 딱히 들어맞는 답이 없습니다. 어떻게 보면 공처가가 되었다가 무처가가 되기도 하고 또 경처가도 되었다가 애처가일지도 모른다는 생각이 들었습니다. 그렇습니다. 부부가 어찌 어느 한쪽에만 치우쳐 한 몸으로 살아가겠습니까? 때로는 갈등도 느끼고 부대끼며 살아도 정과 사랑으로 사는 게 부부가 아니겠습니까? 여자는 남자 하기 나름이란 말이 있듯이 공처가가 되는 것도, 애처가가 되는 것도, 다 자기 하기 나름이라 하겠습니다. 추석이 얼마 남지 않았습니다. 물론 코로나19의 덕은 보겠지만, 제발 명절 이혼이나 명절 증후군이 없는 한가위가 되었으면 좋겠습니다.

(2021.8.29.)

청춘 예찬을 읽으며 꿈을 키웠다

누군가 오늘의 청춘을 가리켜 꿈을 잃은 세대라 말했습니다. 실업난이 심각하여 이십 대의 90%가 백수라고 해서 '이구백'이란 신조어가 등장했다고 합니다. 지금의 청춘을 가리켜 삼포세대라고 합니다. 연애를 포기하고, 결혼을 포기하고, 출산을 포기한다는 말입니다. 오늘의 청소년들이 희망하는 꿈은 기껏해야 안정적인 지위와 수입을 보장해 주는 공무원이나 공기업 직원이라는 게 현실이고 보니, 개인이나 나라의 장래를 위한 진짜 꿈이 사라졌다는 말이 현실감 있게 들립니다. 요즘 젊은이들은 영혼까지 끌어모아 부동산에 투자한다거나 주식 등에 투자한다는 소위 '영끌'이 의외로 많다고 합니다. 최근 몇 년 동안 20대의 은행 대출이 2배 넘게 급증하고 있다고 합니다. 그 원인은 장밋빛 미래를 기대하면서 열심히 일해야 할 젊은 세대들이 취업 문은 좁아지고 꿈은 사라지니

빚을 내어 한탕주의로 간다는 것입니다. 지금의 청춘들이 느끼고 있는 답답함이나 박탈감을 넉넉히 이해 합니다. 힘들게 공부해서 대학에 들어가서도 비싼 등록금에 학자금을 대출받고 4년의 세월을 보내고 졸업하니 기다리는 건 좁디좁은 취업 문밖에 없으니 얼마나 힘들겠습니까? 대한민국의 미래를 이끌어가야 할 새싹이 10대라면 현재를 이끌어야 할 세대는 바로 지금의 청춘 세대입니다. 얼마 전 참으로 안타까운 기사를 읽었습니다. 교육부와 한국 직업 능력 개발원이 진로 교육 현황 조사에 의하면 초등학생 20.1%가 미래 희망 직업이 없다고 응답했다고 합니다. 중학생은 33.3%, 고등학생은 23.3%가 희망 직업이 없다고 했습니다. 꿈이 없다는 답변은 중학생이 2013년, 고등학생은 2014년 이래 가장 많았다고 합니다. 그들은 바로 몇 년 후면 이 나라를 이끌어 갈 미래의 청춘들입니다. 그들이 꿈을 잃어가고 있습니다.

 10여 년 전에 김난도 교수가 쓴 『아프니까 청춘이다』란 책이 청소년 사이에서 선풍적 인기를 끌었습니다. 그때도 현실이라는 벽에 부딪혀 아파하는 청춘을 향하여 아프니까 청춘이라며 등을 두드려 주었습니다. 이 책은 많은 청소년이 미래에 대한 불안감으로 힘들어할 때 이들에게 따뜻한 위로와 용기를 주었습니다. 그는 젊은이들에게 이렇게 말했습니다. "20대는 사람을 배우고 사회를 배우고, 그리고 인생을 배워야 하는 시기야. 이런 큰 배움을 위해 뜨거운 열망을 가지고 세상에 뛰어들면 좋겠다고. 이것저것 가리지 않고 많은 시도와 실수해 보았으면 좋겠다고. 누구보다도 뜨거운 열망을 가슴에 품을 수 있었으면 좋겠다고."

그러나 아프니까 청춘이라고 했지만, 어찌 아픈 건 청춘뿐이겠습니까? 장년들도 힘들고 노년들도 고단합니다. 인생은 원래 그렇게 아프고 힘들고 고된 것입니다. 다만, 청춘은 힘든 걸 헤쳐나갈 용기와 희망과 펄펄 끓는 심장을 가지고 있기에 다른 세대와 다른 것입니다. 사실 우리 같은 소위 산업화 세대(1945~1954)의 청춘은 더 아팠습니다. 전쟁의 폐허 속에서 맨땅에 헤딩하는 심정으로 어둠을 헤쳐나왔습니다. 몸에 DDT를 뿌리고 강냉이 빵을 먹으며 멀건 분유를 급식 받으며 소년기를 지나 청춘의 때를 맞았습니다. 보이는 건 헐벗은 황량한 들판이었습니다. 그곳에 씨앗을 뿌리고 꽃을 심고 나무를 키웠습니다. 그때 우리를 비춰 주었던 등불은 바로 민태원 선생님의 '청춘 예찬'이었습니다. 보이는 건 없어도 선생님이 외쳤던 이상(理想)을 바라보고 꿈을 키웠습니다. 그 이상을 향해 끊임없이 걷다 보니 불과 70여 년 만에 최빈국에서 세계인 모두가 부러워하는 오늘의 대한민국을 만들었습니다. 이제는 선진국으로 우뚝 선 나라가 되었습니다.

혹, 누군가는 그때와 지금은 다르다고 할지도 모르겠습니다. 그러나 우리도 전 세대와 다르게 살았습니다. 언제나 앞선 세대와 현재의 세대는 다른 길을 갑니다. 하지만, 아무리 세대가 다르다 하더라도 인생 근본은 변하지 않습니다. 세월이 변하여 오고 가고 하더라도 민태원 선생님이 말씀하셨던 대로 듣기만 하여도 가슴 설레는 말이 청춘이고, 두 손을 심장에 대고 있으면 물방아 같은 고동 소리가 들리고, 여전히 피는 펄펄 끓고 있으며 거선(巨船)의 기관같이 힘이 넘칠 것입니다. 봄꽃이 어떻게 피는 가를 보십시오. 긴긴날 엄동설한 설한풍 속에서 아픔과 시련을 견디고 이겨내어 따뜻한 봄날에 활짝 꽃을 피우지 않는가요? 서정주 시인의 시처럼 한 송이 국화꽃을 피우기 위해서 밤이 새도록 무서리가 내리고 천둥이 먹구름 속에서 그렇게 울어야 했습니다.

청춘들이여! 겁내지 마십시오. 사나운 쥐는 고양이를 두려워하지 않습니다. 그대들도 우리 가슴을 뛰게 했던 민태원 선생님의 청춘 예찬을 가슴에 품고 이상을 향해 겁 없이 앞으로 나가십시오. 한 번뿐인 인생입니다. 한때, 삼성과 현대와 어깨를 나란히 했던 대우그룹의 김우중 회장은 '세상은 넓고 할 일은 많다'라고 했습니다. 꿈을 잃으면 모든 것을 잃습니다. 우리 고장 서산의 자랑 민태원 선생님은 오늘의 청춘에게도 이렇게 외칩니다. 청춘은 황금시대다. 이 황금시대의 가치를 충분히 발휘하기 위하여, 이 황금시대를 영원히 붙잡아 두기 위하여 힘차게 노래하며 힘차게 약동하자!

(2021.9.4.)

이래서 어른이다

　얼마 전 김형석 연세대학교 명예교수가 문재인 정권을 비판한 것과 관련하여 글을 썼습니다. 고 박원순 전 서울시장 유족 측 법률대리를 맡고 있는 정철승 변호사가 자신의 페이스북에 오래 사는 것이 위험하다는 옛말이 생각난다며 어째서 지난 100년 동안 멀쩡한 정신으로 안 하던 짓을 탁해진 후에 시작하는 것인지, 노화현상이라면 딱한 일이라고 썼습니다. 그러면서 이제는 저 어르신 좀 누가 말려야 하지 않을까? 자녀들이나 손자들 신경 좀 쓰시라고 부탁도 했습니다.
　이에 많은 사람이 막말이라며 비난하자 그는 자신의 페이스북에 오히려 하루 사이에 팔로워만 300명 이상 늘었다고 자랑했습니다. 로마 귀족 남성들은 자신이 더는 공동체에 보탬이 되지 못한다고 생각되면 스스로 곡기를 끊어 생을 마쳤는데 그것을 존엄을 지키는 죽음, 존엄사라 불렀다고 썼습니다. 얼마 후에 김형석 교수의 둘째 딸이라고 밝힌 이는 "저는 100세 넘은 김형석 교수의 둘째 딸로 나이 70이 넘은 볼품없는 대한민국의 한 할머니"라고 자신을 소개하고 자신의 아버지 김형석 교수는 "자유가 없는 북한을 탈출해서 내려온 사람으로서 남하해서 힘들게 산 삼팔선 따라지들의 삶이라면서 여러 정권을 지나오면서 많은 어려움을 겪고 사셨는데 그동안 정권에 불리한 강연을 하신 탓이라고 했습니다. 정 변호사가 김형석 교수는 이승만 정권 때부터 대학교수로 재직하면서 60여 년 동안 정권의 반민주, 반인권을 비판한 적이 없었는데 100세를 넘긴 근래부터 문재인 정부를 비판하는 발언들을 작심하고 하고 있다는 글의 내용을 반박한 것입니다.

그 후에 또 다른 일이 있었는지는 모르나, 오늘 조선일보에 김형석 교수의 대담기사가 실려있습니다. 먼저 문제의 발언은 일본의 산케이 신문과의 대담이었는데 이번엔 조선일보의 박돈규 문화부 차장과의 대담이었습니다. 김형석 교수는 나라가 무너지고 있다며 나라 없이 태어난 우리 세대는 조금 다른 애국심이 있다고 말했습니다. 그 마음을 버릴 수 없어 이렇게 쓴소리를 한다고 했습니다. 특히 언론 중재법은 언론통제 법안이라며 강한 반대 의사를 밝혔습니다. 그뿐만 아니라 경제는 망쳤고 정치는 실패했다며 여전히 문재인 정부를 비판했습니다. 대담 끝머리에 기자가 정철승 변호사의 글에 관하여 어떤 생각을 했느냐고 물었습니다. 이에 김형석 교수는 "읽어보고서 이런 사람도 있구나, 하고 말았다. 딸은 보고만 있을 수 없어 편지를 썼다는데 내가 꾸짖었다. 저격도 자정작용에 맡겨야 한다"라고 했습니다.

나는 이 기사를 읽으며 이래서 어른이구나! 하며 무릎을 쳤습니다. 어른의 참모습을 보았기 때문입니다. 어른이라면 이런 모습을 보여주어야 합니다. 다름을 인정하고 포용할 수 있는 열린 마음을 가져야 비로소 어른이 되는 것입니다. 내 생각과 다른 사람의 생각이 일치할 수만은 없습니다. 자신의 유불리를 따지지 않고 소신을 말할 수 있는 용기, 나에게 거스르는 말이라도 부딪히지 않고 너그럽게 포용할 줄 아는 사람이 바로 어른입니다. 나는 어른을 보면서 또한 소아를 보았습니다. 얼마든지 당당히 비판할 수도 있고 의견을 말할 수 있습니다. 그러나 그건 어디까지나 본질적이어야 합니다. 상대의 신체나 나이 등 내용과 전혀 상관없는 것으로 비판하는 것은 소아를 벗어나지 못한 행동입니다.

오래 사신 분들은 젊은 사람들이 갖지 못한 경험을 가졌습니다. 인생엔 지식이나 머리로는 생각하지 못하는 수만 가지가 있습니다. 살아봐야 알 수 있는 것들이 경험이란 이름입니다. 올챙이가 어찌 개구리의 삶을 이해할까요? 나라 없는 세상에서 살아보았는가요? 공산 치하를 겪어 보았는가요? 생사의 갈림길을 걸어 보았는가요? 보릿고개를 넘어 봤는가요?

나는 젊어서부터 안병욱, 김태길, 김형석 교수님들의 책들을 읽으며 나의 사고력을 키웠습니다. 하나같이 인생의 귀한 교훈이 담겨있었습니다. 얼마 전에 서점에 들렀다가 김형석 교수님이 쓴 「100세 철학자의 인생, 희망 이야기」란 책을 발견하고 바로 샀습니다. 제목에 '젊은 세대와 나누고 싶은'이란 토가 달렸습니다. 감명 깊게 읽고 강의 시간에도 인용도 했습니다. 아무리 칠 년 가뭄 끝에 오는 단비라도 뚜껑을 닫아 놓으면 무용지물입니다. 이번 일을 통해 어른은 어떠해야 하는가를 새삼 느끼며 나도 성숙한 어른이 될 수 있기를 간절한 마음으로 염원합니다.

(2021.9.15.)

김풍배 칼럼집

무엇이 우리를 행복으로 이끄는가?

초판 인쇄 2024년 1월 20일
초판 발행 2024년 1월 25일

지은이 김풍배
펴낸이 강신용
펴낸곳 문경출판사
주 소 34623 대전광역시 동구 태전로 70-9 (삼성동)
전 화 (042) 221-9668~9, 254-9668
팩 스 (042) 256-6096
E-mail mun9668@hanmail.net
등록번호 제 사 113

ⓒ 김풍배, 2024

ISBN 978-89-7846-842-8 03810

값 15,000원

* 무단 복제 복사를 금함
* 잘못된 책은 교환해드립니다.